徹底した語学教育・人間教育・独自のカリキュラムを実践。
各界のリーダーや国際舞台で活躍する人材を輩出する
暁星国際学園の挑戦は続く——

より高く！

著者近影

暁星国際中・高等学校

暁星国際学園

GYOSEI INTERNATIONAL SCHOOL

本学園の教育目標は
キリスト教精神に基づき、
国際的感覚にすぐれ、
新時代に対応する、
諸機能の調和した、
健全な社会人を育成することにある。

暁星国際小学校

暁星国際流山小学校

暁星君津幼稚園

暁星国際学園新浦安幼稚園

暁星国際流山幼稚園

より高く！

国際人を育む〈優しさと厳しさの学園〉

田川校長先生へ

こんにちは。私は暁星国際小学校・第九期の卒業生、パクボキョンと申します。私は暁星を卒業したその翌年、韓国に帰国し、今は大学へ通っています。私は暁星を卒業してから今でも暁星を思い出しています。

校長先生がフランス語でお話しになった全校朝礼、クラスみんなとがんばって準備した運動会、みんなでおこなったクリスマスのミサなど、暁星ですごした二年が今も私の人生で最もとうとい記憶として心に残っています。

私が日本で大切な記憶をもてるよう機会を与えてくださって本当にありがとうございます。

大人になってから日本での、暁星での記憶をたどりながらそのころの思い出がどんなにとうといことだかを知り、いつも校長先生に感謝をお伝えしようと思っていたのですが、今になって伝えることになりました。
今後も先生がいつもおっしゃっていた「より高く」を目指してがんばります。

I hope this letter finds you in Good spirits.

またお会いできる日までお元気で…。

Merci bien, Monsieur le professeur

二〇一九年　春

朴甫卿

はじめに

私の朝は、お祈りから始まります。

六時半になったら、散歩もかねて教室棟へ向かいます。ゆっくり時間をかけて建物の中をまわっていると、七時をすぎたあたりから生徒たちがやってきます。寮に暮らす子ども、そして横浜や川崎から通学してくる子どももいます。

「おはよう」と声をかけてやれば、子どもたちは嬉しいものです。

「先生、このあいだの朝礼のお話は感動しました」

「あの話がとても印象的でした」

お世辞であっても、教育者としては喜びを感じます。

「握手してください」と手を差し出す子どもや、手紙をくれる子どももいます。

「きょう家に帰ったらな、おかあさんに『ママ、ボンソワール』といってみろ。おかあさんは喜ぶぞ。子どもがフランス語で挨拶してくれたと感動して、お菓子をくれるかもしれないぞ」

「わかりました。いいます！」

「『おとうさん、ありがとう』といって、たまには靴を磨いてあげなさい。おかあさんが磨いてくれるのより、お父さんはずっと嬉しいはずだ」


「先生、元気ですか？」

「おう、元気だ」

「先生は、何歳ですか？」

「百歳だ！」

「本当ですか⁉」

「うそだー」


子どもに声をかけてやるのは校長の仕事です。九十三歳になり、最近はきつくなってきましたが、でも朝は必ず六時半に行って子どもたちを出迎えます。

彼らに挨拶をしながら哲学散歩を続け、一階から四階まで歩くと、時刻は七時半。授業開始時刻です。

子どもたち、そして先生がたが遅れることなく教室に入り、授業が始まるのを見届けて、私はゆっくり教室棟をあとにします。

子どもたちはもちろん、先生がたにも授業開始時刻に遅れることなく教室へ入って授業を始めてくださるようにお願いしています。おかしな言い方かもしれませんが、生徒はお客様です。私たちは、お金をいただいている。だから、きちんと授業を行うという義務をきちんと果たさなければいけません。決められた時間に始めるだけではなく、子どもたちに向けて人生哲学を説く。そこまで準備して授業を行う。それが正義と愛徳の義務というものです。

朝礼では、いろいろな話をします。

学園の桜がきれいに咲いたころには、水泳選手の池江璃花子さんの話をしました。

——学園が開校した四十一年前、私はここに千本の桜の木を植えました。今年も満開を迎えています。あなたがたも一人ひとりが桜の木で、こうして数十年後にきれいな花を咲かせることでしょう。知恵も体も知識も、そして心も大きくなっていき、美しい姿を見せて、喜びを人に与えていることでしょう。

池江さんは、がんばっていたのに重い病気に見舞われてしまいました。普通ならがくんとくるのに、池江さんは「神様は自分に不可能な困難は絶対に与えないはずだ。だから勇気をもって戦って乗り越えるのだ」と強く宣言しました。

これはまるで哲学者の言葉です。彼女は、神の存在を信じています。

大きくなって困難にぶつかることは誰にでもある。そこで、人間のほかに永遠の存在がある、神がいるという信念を持つことも人間にとって有益なことがあるのです。「人間はパンだけでは生きられない」とバイブルにも書かれています。二千年前の世界のベストセラーが、そう言っています。それを現在も信じている人が、何十億といる。だから私もみなさんにお話ししています。——

私はカトリックの神父で、暁星国際学園はカトリックの精神に基づいて教育を行う学校としてスタートしました。現在、学園にカトリックは一割もいません。先生がたのなかにもカトリックは二人か三人ぐらいでしょう。

いまは、人どうしが傷つけあったり親が子どもを殺してしまったりと、悲しいニュースがたくさん流れてきます。こんな社会は稀で、文明国ではあり得ないことです。

いまこそ、優しさがあって厳しさがある、キリスト教の精神が求められているのではないでしょうか。宗教の価値というものは厳然としてあるはずです。

神の存在を信じ、永遠の命を信じる。人を敬う。

神様が自分のなかにいて、いつも自分を見ている。

いまこそ、そうした精神を家庭で、学校で、子どもたちに伝えていくときではないでしょうか。

二〇一九年十月　田川　茂

より 高く」
TAGAWA

暁星国際学園 全景
レジナ・ムンディ
（セクンダ）
球場
レジナ・ムンディ
（プリマ）
管理棟
校舎
第一体育館
グラウンド
中学野球グラウンド
正門

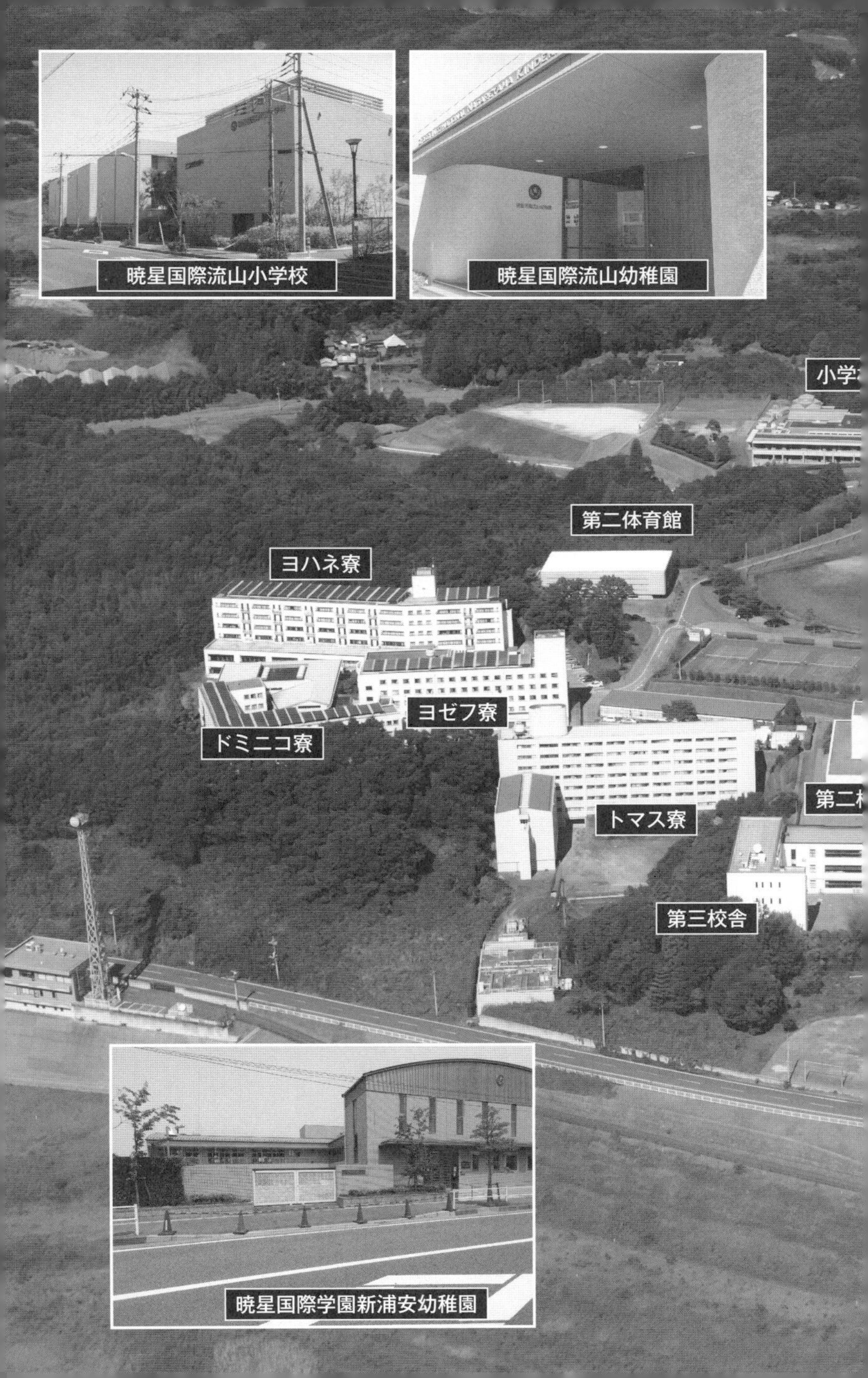
暁星国際流山小学校
暁星国際流山幼稚園
第二体育館
ヨハネ寮
ヨゼフ寮
ドミニコ寮
トマス寮
第三校舎
暁星国際学園新浦安幼稚園

より高く！●目次

第七章　贈る言葉――261

第一章　厳しさの中で

「隠れキリシタン」の末裔

私は大正の終わりのころ、長崎市の浦上に、十一人兄弟の十人目として生まれました。

長崎は、一五五〇年（天文十九年）にフランシスコ・ザビエルが平戸を訪れて以来、全国でもひときわキリスト教が人々のあいだに広く深く行きわたっていったところです。キリシタン大名の有馬晴信らの名から長崎を連想する方もいるでしょう。大浦天主堂をはじめ、戦前に建てられて現在も残っている教会の約半分が長崎に集まっていることからも、この地におけるキリスト教の歴史をうかがうことができると思います。

私の先祖も、江戸時代には熱心なキリシタンの一家でした。

ご存じのとおり、江戸時代、徳川幕府はキリスト教を信じることを禁止していました。江戸時代の早い時期から密告を奨励し、「踏み絵」を実施するなど、江戸幕府にとってキリスト教は脅威であったようです。中でも長崎は国内でも熱心な信者の多い地域でしたから、監視の目も特に厳しく、奉行所はひそかに信仰を続ける「隠れキリシタン」たちを積極的に検挙し、投獄していきました。

「踏み絵」は長崎で最初に実施されたとする文献もあるようです。

キリシタンの大々的な摘発は「くずれ」と呼ばれ、全国でしばしば何百人から何千人というキリシタンが捕らえられ、処刑されました。浦上は、一七九〇年（寛政二年）に二百人近くが捕らえられた「浦上一番くずれ」以降、一八六七年（慶応三年）の「浦上四番くずれ」まで、四度にわたる大検挙に見舞われています。

私の祖先たちは、キリシタンたちがかたまって住んでいるのは危険だということで、分散を命じられ、鹿児島に流れていきました。

やがて幕末になると、鎖国を解いて国交を結んだ各国から江戸幕府のキリスト教迫害政策を批判する声が高まります。こうした諸外国の圧力により、一八五六年（安政三年）に幕府は長崎と下田で「踏み絵」を廃止していました。しかし、徳川幕府がたおれ、明治政府となってからも、キリシタンへの弾圧政策がすぐに全面的に解かれたわけではありませんでした。

ところが、開国間もない日本政府は、自国に不利な条件の条約を結ばされ、その後、改正に苦労したことからもわかるように、欧米諸国に対して決して強い立場にあったわけではありませんでした。

維新から間もない日本政府は市中に高札を掲げ、その中で「よこしまな宗教であるキリスト教を信じることを禁止する」とうたいました。すると各国の公使らはこれに強く抗議し、日本政府は急遽、「よこしまな宗教とキリスト教は禁止」というふうに微妙に表現を改めることで非難をかわしました。

フランスをはじめ各国が信教の自由の理念を日本政府に訴える中、折しも開国時に結んだ不平等条約の改正のために欧米に赴いた岩倉具視らの使節団が日本のキリスト教弾圧政策をめぐって強い非難を浴びたのをきっかけに、日本政府はついに一八七三年（明治六年）にキリシタン禁制の政策を撤廃することとなります。

これにともなって、各地に散り散りになっていた信者たちはそれぞれの故郷に帰っていきました。

私の先祖たちも浦上にもどってきました。祖先の地にもどってきたのはいいのですが、土地や財産は没収されていましたので、文字どおりゼロからのスタートを余儀なくされました。私が生まれた家は、長崎市を見下ろす小高い丘の上にありました。私の先祖は町のはずれの辺鄙な丘の上に居をかまえることにしたのでしょう。私の家のあたりには、そうした「隠れキリシタン」の子孫たちがたくさん住んでいました。

私の両親も、祖母も熱心なカトリックの信者でした。

ふだん、キリスト教にあまりなじみがないという方に簡単にお話ししておくと、キリスト教には伝統的な宗派である「カトリック（旧教）」のほかに、十六世紀にヨーロッパで起こった宗教改革の際にカルビン・ルターが唱えた「プロテスタント（新教）」という立場があります。テレビなどでもよく、結婚式の進行役をつとめたり、教会でお話をしたりする人を目にしますが、こうした立場の人のことをカトリックでは神父といい、プロテスタントでは牧師といいます。それぞれの教義の違いについてお話しすると長くなってしまいますが、このくらいは覚えておいてもいいでしょう。

学校へ、教会へ

さて、私も小学校四年生のころから、朝の五時ごろに起こされて、家族とともに近くの教会に通うようになりました。冬の時分なら、朝の五時といえばまだ真っ暗ですから、寒い中、提灯を手に出かけていきます。家の近くといっても家は丘の上にあります。獣道のような、道とはいえないような道を、行きは下りですから三十分ぐらいですが、帰りには四十～五十分かけて登って帰ってきます。

私は、小さいころから家でラテン語の響きに親しみました。私の祖母が、私にラテン語でお祈りを教えてくれたのです。祖母は「今日は何曜日だい？　サバト、ドメニカ…」と曜日をラテン語で言うので、それも全部覚えてしまいました。「いいかい。ドメニカになったらミサに行きなさい。おまえはコンフェシヨ（懺悔）をしないと」というふうにラテン語が身近にありました。

小さいころは、そんな祖母がうるさく感じられたものでした。別にお小遣いをくれるのでもなく、教会へ行けとさかんに口やかましく言ってくるし、祖母が体調をくずして横になっていると、何かもっていってあげなさいと母が私に託します。しぶしぶそれを持って祖母のところへ行くと、「教会に行くんだよ」「ミサに行きなさい」「懺悔をしなさい」とうるさく言われます。「懺悔ってなにをするの？」と訊ねると、「神父さんのところへ行って、親にたてつくような態度をとりました、ウソを言いました、と告白するんだよ」と教えてくれます。でも、そんなことはしたくないものです。教会へ行くのもめんどうくさいし、教会に行くと懺悔室には、まるで病院で患者が診察の順番を待っているように信者がずらりと並んでいて、子どもの目には「いやなところ」としか映りません。祖母は熱心に私に「改心して、これからは悪いことをしないと決心しないといけない」といい、そしてつぐないだとか、朝の祈り、食前の祈り、夜の祈りなどお祈りのことを教えてくれました。

学校よりも教会へ行け、祖母も母も私によくそう言っていました。十人近くもいる子どもたちのなかから何人かは教えの道に入ってほしいという願いがあったのかもしれません。あるいは、どこか外へ行ってくれれば助かるという思いがあったのかもしれません。

私は小学校に、そして祖母や母のいうとおりに教会にも通いました。

教会では朝六時にミサが始まります。朝は五時に起きて、提灯を片手に山道を降りていきます。

教会には神父さんがいます。当時、私が通っていた教会では、修行の途にある修道士のことを行《ぎょう》者《じゃ》さんと呼んでいました。修道女はいまならシスターという呼び方が一般的ですが、あのころは童貞さんと呼ばれていました。

ミサは、ラテン後で行われました。神父さんのそばには少年が仕えていて、神父さんのところへ葡萄酒や本を運んだり、みんなにワインをついでまわったりしています。お祈りの際には神父さんとラテン語でやりとりをしています。それはいわば信者としてはエリートのような存在で、祖母や母も、いつかは自分の子どもがああいう仕事をするようになればと願いながらその光景を見ていたかもしれません。

そんなふうに、朝は早く起きて教会へ行く、そして水を汲みに行き、それが終わると小学校へ、そしてまた教会へという生活が続きました。私の家は小高い丘の上にあったといいましたが、大人なら小高い丘でも小学生には山です。そこを一日に何度も登ったり降りたりするのはこたえましたが、それが足を大いに鍛えることになったのか、その後、大人になってからもずっと足は丈夫です。

父は、朝三時ごろ起きて畑へ出て、野良仕事に精を出しました。母は起きるとまず朝ご飯をつくって、それから野菜を売りに町へ行き、そのお金で食べ物を買ってきてくれました。ひからびかけた野菜や、すこしいたんだバナナやリンゴなどもまじっていました。バナナなどはちょっといたんでいるほうがおいしいなと感じたものでした。

小学校へはきちんと毎日通いました。学校では、「お前は耶蘇《やそ》か」と詰め寄られることもありました。キリスト教の信者が多い地域だっとはいえ、全体からみれば少数でしたから、そのような「迫害」にもあいました。一週間に三日ぐらいは学校のあとにも教会へ行って、カトリックの教えを受けました。ご聖体だとか、告白だとか、懺悔だとかについて教わり、たまに試験もありました。いっぽうで、小学生ですから遊びにも夢中になりました。ビー玉や、当時「はたあげ」とよばれていたたこ揚げ、そして草野球などにも興じました。つまり、たいへん多忙な少年時代を過ごしたのです。

マリア学院は牢獄のようなところ

小学校六年生になって、私は母から長崎市にある「マリア学院」というカトリックの神学校に行くことを勧められました（現在、九州に同じ名前の学校がいくつかありますが、いずれも別の学校です）。しかし、そのときも、見学に行ったときにたまたまみんなが昼休みに野球やテニスに興じているのが楽しそうに目に映ったために「マリア学院に行ってもいいよ」と気軽に答えた程度のものだったのです。

私は小学校時代、特段成績が良いというわけではありませんでした。平均すると、オール3といったところでしょうか。しかし、カトリックの信者が多い地元では、マリア学院に進むことは、一つの名誉でした。マリア学院は神学校といいましたが、わかりやすくいえば修道院です。つまり共同生活をしながらカトリックの教えを学び、やがては神父となるための修行をするのです。ですから、近所の人たちも家族も、とても喜んでくれました。マリア学院は、小学校を卒業したらぜひ来

精神的にも影響を受けた姉(中)、そして弟(左)と。

てくださいとさかんに勧誘を行っていました。教会も、いわば後継者を育てなければいけません。私はマリア学院に通うことになり、何人かの同級生とともに入学しました。でも、そこはたいへん厳しいところで、実際に卒業まで漕ぎ着けたのはそのうちのほんの何人もいなかったように思います。そこは共同生活で、まるで牢獄に入ったような生活でした。朝の起床から夜の就寝まで、スケジュールがびっしりと詰め込まれていました。お祈りをして、勉強して、運動して、労働の時間もありました。労働というのは、修道院の山へ行って薪を切ってきたり、それを担いで降りてきたりと、なかなかつらい仕事です。畑での野菜づくりの際には肥料となる人糞を運んだりもしました。

だから、つらくて耐えられずにやめていく子どもや、ついていくうちに病気になって学校をあとにする子どももたくさんいました。入学して卒業までたどりついたのはほんのわずかで、二十人いたらそのうちの一人か二人ぐらいの見当だったのではないでしょうか。マリア学院としては、そうやって強い人間を育て、また強くなる人間を見極めていたのでしょう。

さきほどもお話ししたように、日本にキリスト教が伝来したのは、十六世紀に長崎の平戸にフランシスコ・ザビエルがやってきたときです。彼は布教のため中国へ向かう途中、インドにいるときにヤジロウという日本人に会います。犯罪を犯して島流しか何かになっていたらしいこの人物に接して、ザビエルはヤジロウの聡明さに肝銘を覚え、ぜひ日本という国で布教を行いたいと思って船を日本に進めたといいます。

キリスト教の宣教師たちは、昔から、キリストの教えを伝えていくために、世界中にわたっていきました。何か月も船に乗り、まったく見も知らぬ、言葉もわからない異国の地に赴くのは、体力的にも精神的にもなみたいていのことではありません。同じようにキリストの教えを伝えていく人間を育てていくためには、やはり厳しい生活に耐え、それを乗り越えられる人間であるかどうかをまず見きわめなければならなかったのかもしれません。

そんな過酷な生活でしたが、マリア学院には楽しい思い出もあります。昼休みには食後に運動の時間があり、野球やサッカーをみんなで楽しみました。私は野球はうまいほうでしたし、勉強よりも好きだったように思います。サッカーもテニスも教えてくれました。成長期の少年たちでしたから、運動もきちんとさせなければいけないとマリア学院も考えていたのでしょう。

さきほどお話ししたようにマリア学院は神学校で、フランスに本拠地を置くマリア会という修道会が運営する学校でした。いろいろな規則やルールがありましたが、時には、フランス人やヨーロッパ人ならではの習慣のようなものにも接することになります。たとえば、性の方面の教育はたいへん厳しく、たとえばその場にいるのが男だけでも裸になってはいけないという習慣がありました。ですから、体と体が触れあう柔道のようなものをマリア学院で習うことはありませんでした。

裸がいけないなら、お風呂へ入るときにはどうするのかというと、「風呂パン」と呼ばれる入浴用のパンツをはいて入りました。

そして、入浴中は沈黙、つまり口をきいてはいけないのです。上から監視されていて、ルールを破ると叱られました。その後、寝るときにはベッドがずらっと並んだ共同寝室で横になりますが、そこでも寝るだけで、おしゃべりなどしてはいけません。そのあたりは確かに牢獄だったかもしれません。

いまの外国の修道院は、だいぶゆるく、優しくなったようです。アメリカ人などはまっぱだかで堂々とお風呂に入りますし、バスタオルを巻いてスマホを見ながらひげなどそっていたら、昔ならこっぴどく叱られたでしょう。

東京・九段の暁星学園へ

一口にキリスト教といいますが、世界には、キリスト教の教えを広めていくための団体である修道会というものがたくさんあります。中世以来、それぞれの修道会は修道士や宣教師たちを世界中に派遣していきました。十六世紀に日本にやってきたフランシスコ・ザビエルは、イエズス会という修道会の宣教師です。

宣教師たちはそれぞれが訪れた地に学校をつくり、教えを広める努力をしていきました。みなさんも日本史の時間に「ザビエルは、コレジョやセミナリオなどの学校をつくって布教に努めた」と教わったのではないでしょうか。コレジョとは、つまりカレッジ、またセミナリオとはゼミナールのことです。

現在でも、キリスト教を背景に持つ学校のことをよく「ミッション系の学校」とか「ミッション・スクール」といいます。もともと「ミッション」とは「任務」という意味の言葉で、つまり「ミッション・スクール」とはキリストの教えを知らない人々にそれを伝え、人々を救済していくという「任務」を遂行するためにつくられた学校であることを意味しているのです。

わが国にも、かつてこうしたいろいろな修道会によって建てられた学校を母体とする教育機関がたくさんあります。イエズス会による上智大学や栄光学園、セント・ポールによる立教大学や白百合学園、また聖心女子学院は聖心会、雙葉学園はサン・モール、聖光学園はクリスチャンブラザーズという修道会によってつくられた学校です。

私が行ったマリア学院を運営するマリア会は十九世紀の初頭、フランスで創設されました。当時のフランスはフランス革命後、時の為政者が人々を無宗教に導く政策をとったために人々の信仰心が薄れ、そのため社会がとても荒廃していた時期でした。そんなとき、ギヨム・ジョセフ・シャミナードという一人の神父が、すさんでしまった社会を建て直すことを目的に創立したのがマリア会です。シャミナード神父は、そのためには貴族から庶民にいたるまで、あらゆる青少年に対して教育を行っていくことこそが大切であると考え、次々に学校を建てていきました。

日本にマリア会の宣教師がやってきたのは一八八八年（明治二十一年）のことです。五人の宣教師たちは横浜港に降り立つと、カタカタと音をたてる履き物に目を奪われ、人々が漬け物を口にふくんでバリバリと音を発する様に目をみはったといいます。

以来、マリア会は一八九二年（明治二十五年）には九州の長崎に海星学園を、また一八九八年（明治三十一年）には大阪に明星学園、一九〇一年（明治三十四年）には横浜にセント・ジョセフ学院を創立していきました。

東京では、マリア会の宣教師が一八八八年（明治二十一年）に京橋に創設した学校が、その後、麹町に移って暁星学校と名乗っていました。これが現在の九段の暁星学園の母体です。

私は、長崎のマリア学院を終えると、上京してこの九段の暁星学園中学（旧制の中学で、現在の高校にあたります）に編入することになりました。神父となるために必要な、さらに上の教育を受けるようにということです。

時に一九四一年（昭和十六年）四月、日中戦争が長期化し、やがてその年の十二月には日本がハワイの真珠湾を攻撃してアメリカと戦火を交えようとしていた時期です。そのため、入学後は富士山の裾野で軍事教練を受けたりすることもありました。軍事教練というのは、いってみれば母国を守るための技術を身に付けることを目的としていますが、国を守るためには、しばしば敵を倒す、つまり人を殺すという行為に出なければならない場合もあります。それはキリストの教えと矛盾しないのか、私は葛藤にさいなまれました。当時私たちは学校で、戦争は国が行っていることであり、国のために戦うことはキリストの教えに反するものではない、と教えられました。当時は、軍隊のほうもカトリックを警戒していたようです。カトリックはローマ法王にしたがうのではないかと危

東京・九段の暁星中学（旧制）時代。無口な、おとなしい子どもでした。

険視されることがありました。上智大学や暁星学園などは軍隊の目も厳しかったのではないでしょうか。

また、キリスト教の信者として、神社に参拝することにも抵抗を覚えました。当時、聞かされたところによれば、バチカンの法王庁と日本のカトリック教会のあいだで話し合いが持たれ、神社ではあくまで儀礼的に敬意を表することとすることが決められたそうです。私たちも神社で手を合わせながら、心の中で「頭を下げるのは、拝むことではないのだ」と唱えたものです。

初誓願のとき

私は暁星学園の旧制中学に在学するあいだ、一年間休学して、修練院に入りました。修練院は、やがて神父となる人間として、さらに修養を重ねるところです。

修練院には、修道院とはまた別の厳しい生活が待っていました。どう厳しいのかというと、たとえばラジオを聞くことも新聞を読むことも許されないのです。つまり俗世間を離れるということです。

仏教の世界にも出家という言葉があり、それは世俗を離れて純粋に信仰の世界に生きることを意味します。これと同じように、世間から隔離された環境に身を置いて、一生涯、信仰生活に身を置くことができるかどうかを自身で確認し、同時にまわりからもそのことについて見きわめを受ける場所が修練院なのです。

修練院では、来る日も来る日も、お祈りと黙祷、そして新約聖書や旧約聖書について、また教会の歴史などについて学び、さらに三百条あまりもあるマリア会の憲法の暗記なども課されました。そして、その合間をぬって一日一時間、労働の時間があります。掃除やミシンがけのほか、農作業などもありました。私は動物飼育の役を割り当てられ、メスの山羊の担当となって、暑い日も寒い日も、また雨風がひどい日も小屋のところへ出ていって草を与え、乳をしぼりました。

修練院ではやがて、そうした厳しい生活に耐えて、認められた者に対して「誓願」の機会が与えられます。誓願とは「清貧・貞潔・従順」を誓い、俗世間の価値観を離れて、一生涯、信仰に身を捧げることを誓う儀式です。

「清貧」とは生涯、財産を持たないということです。家財や土地家屋を所有しないことはもちろん、衣服など生活のための道具や物品も最低限のものしか持たないことを誓います。

また「貞潔」とは、結婚をせずに生涯独身を貫くことです。私は当時、小学校を卒業してマリア学院に入って以来、女性と接触したことがありませんでした。もちろん、一人の男である以上、女性に憧れをいだく機会がまったくなかったかといえば、決してそんなことはありません。気持ちが傾いても、それに打ち克つ、そんな自分自身との戦いにこそ意義があるのだと思います。
そして「従順」とは、命令に対して服従することです。かつて宣教師たちが、所属する修道会からの命令一つで故国を離れて見知らぬ異国に赴いたのも、従順であることに対する誓いがあったからです。

私は初めての誓願のとき、かつてフランスでシャミナード神父が、青少年の教育を目的としてマリア会を創設し、それに一生涯を捧げたことを思いました。彼は、荒廃してしまった社会を建て直すためには子どもたちへの教育が大切であると考え、学校を開いたのでした。また、明治のころにはるばるフランスからやってきて学校をつくった五人のマリア会の宣教師たちの、言葉も生活習慣もわからない異国の地に骨をうずめようという覚悟や情熱に思いを馳せました。そして、私自身も生涯を信仰と教育に捧げようと決心しました。

誓願の儀式では、神父たちの前で聖書に手を置き、キリストの教えの道に生きることを誓います。実は、誓願は一度だけではなく、その後も何度か更新が行われます。中には更新をせずに信仰の生活をやめてしまう人もいるのですが、私の決心はすでに初誓願の段階でゆるぎないものでした。

人間は物質的な喜びだけではなく、精神的な喜びも求めるものです。両方を手に入れるのはむずかしいし、そうしようとするからつらい思いもします。財産を持たず、家族への配慮や心配もない自由な身だからこそできることもあるでしょう。聖書に手を置いた私の胸の中は、これで自由が得られる、教育の道を思うがままに進むことができるという喜びでいっぱいでした。
当時、聖書の中の次の一節が、私の心をとらえていました。

こころの貧しい人たちは、さいわいである。
　天国は彼らのものである。
悲しんでいる人たちは、さいわいである。
　彼らは慰められるであろう。
柔和な人たちは、さいわいである。
　彼らは地を受け継ぐであろう。
義に飢えかわいている人たちは、さいわいである。
　彼らは飽き足りるようになるであろう。
あわれみ深い人たちは、さいわいである。
　彼らはあわれみを受けるであろう。
心の清い人たちは、さいわいである。

彼らは神を見るであろう。
平和をつくり出す人たちは、さいわいである。
彼らは神の子と呼ばれるであろう。
義のために迫害されてきた人たちは、さいわいである。
天国は彼らのものである。

(『マタイによる福音書』より)

戦争の激化

一年間の修練院生活を終えて誓願を果たした私は、暁星学園にもどり、旧制中学の五年生になりました。一九四四年(昭和十九年)のことですから、もう戦争も終わりに近いころです。

私たちは学校へは行かず、品川の近くの大井町の工場に勤労動員としてかり出され、そこで防毒マスクの生産に従事していました。戦争は敗色が濃くなり、日本もいよいよ本土決戦を覚悟していた時期です。日本の当局は、上陸してきたアメリカ軍が攻撃に毒ガスを用いることを想定していたのでしょう。

すでに爆撃機が東京上空にやってきていました。空襲警報が鳴ったり、実際に爆撃を受けたりして電車が止まることもありました。また、食べ物にも不自由していて、日々、命の保証がない中、飢えに苦しみながら信仰と戦っていました。

暁星学園を卒業した一九四五年（昭和二十年）三月、ついに私のところにも「赤紙」が送られてきました。実家のほうに、長崎の第五十五部隊に入隊せよ、との召集令状が届いたのです。出征は栄誉とされていましたから、私も表面では意気盛んを装っていましたが、やはり帰省の足取りは重いものでした。

ところが、六月に実家にもどってみると、どういうわけか、いよいよ明日には出発という日になって、市役所から「自宅で待機せよ」との延期命令が届きました。

農作業を手伝いながら実家で日々を過ごすうちに、やがて本格的な夏の日射しに目を細める季節となりました。そして八月に入り、いつものように暑かったその日、長崎に原子爆弾が投下されました。

私の家は爆心地から十キロメートルも離れていないところにありましたが、ちょうど小さな山の陰に入る位置にあったために熱線の直撃をまぬがれ、半壊ですみました。しかし、ちょうどそのとき、山の上にいた長兄はひどいやけどを負い、それから数年後に亡くなりました。

上智大学へ

終戦後、しばらく私は長崎にとどまりましたが、やがて東京のマリア会から早く東京にもどるようにとの指示がありました。そして翌年、上智大学に入って、神父となるために必要なラテン語や哲学を専門的に学ぶことになりました。

さきほどから「神父」という言葉を使っていますが、これはカトリックの世界でミサと呼ばれる儀式を執り行うことのできる位のことで、司祭とも呼ばれています。ミサとは、礼拝堂や教会で信者を前に聖書を朗読したり、お説教をしたり、祈りを捧げたりする儀式のことで、基本的には毎日、また特別な日には大々的な行事として行われます。

神父になるには、どこかの修道会に所属し、神父として叙階されなければなりません。いくらキリスト教を熱心に信じていても、勝手に教会を建てたり、神父を名乗ったりすることはできません。また、神父になることができるのは男性だけです。英語では「ファザー」と呼ばれることから、日本語では「神父」という文字があてられたのでしょう。ちなみに、当時の私の立場、つまり誓願を立てて修道院での信仰の生活に入った修道士は英語では「ブラザー」、女性の場合、つまり修道女は「シスター」と呼ばれます。修道院の中では同じ修道会のメンバーとして、立場は平等です。同じ会則のもとに生活する「兄弟」であるということです。

神父となるためには、キリスト教をはじめとするいろいろな宗教や哲学のほか、ラテン語などの外国語を深く専門的に学ぶ必要があります。当時の上智大学には、私と同じように神父を目指す学生がたくさんいました。

私は、お堀だった沼地のようなところにアメリカ軍のジープがたくさんやってきて、ザッザッと砂を運び入れてグラウンドを造成して、そこにゴルフ場、野球場、サッカー場、テニスコートなど

上智大学に入学したころ。

が作られていくのを眺めながら大学へ通いました。

現在の上智大学はたいへん大きな、また優秀な大学として知られていますが、当時はまだ学生は男子だけ、しかも千人程度の小所帯で、現在のように誰でも知っているような有名な大学ではありませんでした。

ただし、教育に対する強い信念を持った神父たちが教授として百人も送り込まれていて、教育の体制や内容は非常に優れたものであったと思います。当時のローマ法王は、上智大学を運営するイエズス会の総長であった人でしたが、日本という場所を重用視して、全世界から毎年二十人の宣教師を五年にわたって送り込んでいました。これでは教育が充実しないわけがありません。

現在、大学と呼ばれるところで、「あそこは規律が厳しい」という話を聞くところを私は知りませんが、当時の上智大学は人間教育にも非常に力を入れていて、礼儀や節度についてもたいへん厳しい大学でした。たとえば授業がはじまると、教授が教室にカギをかけてしまうのです。遅刻をすると入り口に立っている神父が上手な日本語で、「君はどこからきたの。飯田橋？　それは遠いの？神奈川からくる学生もいるんだよ。飯田橋は駅二つか。それは遠いねえ」などといって教室に入れてくれず、挨拶についての指導をしたりしていました。

また、きちんと出席をとり、代返ができないように事務員が回って、一人ずつ出席を確認していました。

すでに当時から、学生はキリスト教の信者ばかりではありませんでしたが、学問はもちろん、人間としての教育も厳格に行う大学であるということから、娘の入学を熱心に希望する親が少しずつ増えていき、そうして入ってきた優秀な女子学生たちが大学を大きくしていきました。

なお、当時は、占領軍の若いＧＩたちが街中で日本人の女の子と遊びまわっていて、そのなかには、従軍司祭として招集されて陸海空軍に入って日本にやってきた将校もたくさんいました。彼らは、本国の大学の単位として認めてやるから、ここへ来て講義を聞けと命じられます。それが上智大学国際教養学部のはじまりでした。

さて、私は、前半の二年はラテン語の教育をみっちり受けました。ラテン語の教科書などなく、テキストは教授たちによるオリジナルでした。試験は厳しいものでしたが、パスしないと落第となってしまいますので必死でした。二年目には授業の半分がラテン語で行われ、しかも進みが速いので、ついていくのがたいへんでした。

上智大学での五年間は、苦労に苦労を重ねた時期でした。学業がたいへんだっただけではなく、終戦から間もない時期の五年間ですから、食べるものも着るものもままならなかったのです。

スイスの神学校に留学

さきほど、誓願には何度か更新の機会が与えられるとお話ししましたが、大学を卒業すると私は、「終身誓願」を立てることが認められました。これは無期誓願ともいい、文字通り、命あるかぎり教えの道に生きることを最終的に誓うのです。儀式では、床に横になり、棺桶をかぶせられます。つまり俗世間では死んだものとして、生涯、修道院や教会で暮らし、信仰のために生きていくことになります。また、修道会の指示があれば、それに従う義務があります。身内に不幸があっても、帰れる保証はありません。そのくらいの覚悟を求められるのです。

終身誓願の機会を与えられることは、神父になるのを認められたことを意味します。しかし、実際に神父になるにはさらに修行の仕上げや見習いが必要であるということで、上智大学を卒業した私は、今度はスイスのフリブール大学という神学校への留学を命じられました。

それまでの数十年間は、世界中で大きな戦争が絶え間なく続いていて、地球上のあちこちでたくさんの人々が亡くなりました。神父や宣教師もたくさん戦場にかりだされ、あるいは敵の攻撃の犠牲となって命を落としたことでしょう。そのため新たな人材の育成が急がれていたのかもしれません。

スイスのフリブール大学。

ともに海を渡った学友と。フリブール大学に到着した日に、大学の前庭にて。

一九五一年（昭和二十六年）八月、二十五歳の私は、横浜港から「ラ・マルセイエズ号」でフランスに向かいました。三十一日間の船旅を経てマルセイユに到着すると、そこからは汽車に揺られてスイスへ向かいます。

フリブールという町は、スイスの首都であるベルンから南西へ百キロメートルほどのところにあり、歴史的には首都のベルンよりも古い町です。十六世紀に宗教改革が起こった際には真っ向からこれに反対する立場をとった、篤い信心を持ったカトリックたちの町でもあります。

私はそこで四年を過ごし、そしてサン・ミッチェル教会で、司祭としての叙階を受けました。晴れて神父となることができたのです。

司祭叙階式は、たとえていえば結婚式のような一世一代の舞台です。地元スイスはもちろん、スペインやフランス、そして戦勝国として羽振りの良いアメリカからも、花婿ならぬ新・神父のためにその家族や親戚、友人らがたくさんかけつけてきました。しかし私には、日本から家族を呼ぶなど夢のまた夢のような話です。

神父としての、いわば初仕事となる初ミサも司祭叙階式同様にまわりの人たちに支えられ、盛りたてられて晴れがましい舞台となるのですが、極東の小さな島国からやってきた青年に関心を持つ人はいませんでした。

セントミセル教会での私の初ミサには、地元の3000人もの信者のみなさんがかけつけて、私の一世一代の舞台を盛りたててくれました。

初ミサを終えて、みなさんと。左から２番目がジョニー神父です。

しかし、地元スイス人のジョニー神父という方が、ご自身の教会に私を呼んで初ミサを行ってくださると申し出てくださいました。スイスにはフランス語圏とドイツ語圏があり、ジョニー神父の教会はドイツ語圏にありました。ドイツ語ができずに不安な面持ちでいる私にジョニー神父は

「一生懸命やれば、大丈夫だ」

と声をかけて励ましてくださいました。このときの感激は、いまも忘れることができません。

教会にとって、新たに誕生した神父の初ミサは盛大なお祭りのようなイベントです。ジョニー神父の教会、セントミセル教会はアルプスの山々に囲まれた美しい教会でした。そこで半年前から準備を進め、そして三千人もの信者の方々が集まって、私の初ミサを盛りたててくれました。侍者を伴った華やかな大行列の光景は、今でも鮮明に脳裏に焼き付いています。

お金を持っていなかった私は、ジョニー神父にまったく御礼ができませんでしたが、後日、暁星学園の校長となってから、航空券を彼のところに送り、日本に招待しました。ジョニー神父は車いすで日本にやってこられ、長崎の原爆の跡を見ることを希望されましたので、ご案内をしました。

フリブール大学での四年間を終えたあとも、私は、しばらくスイスにとどまっていたかったのですが、やがて日本のマリア会より早急にもどるべき旨の連絡がありました。私は、キリストの教えに仕える者としての大きな節目を迎えた、思い出深いこの地をあとにすることとなりました。

初ミサに集まってくださったみなさんと記念撮影。20代の終わりまでに、私は世界の空気を存分に肌で感じ、また世界中の人々の優しさに触れることができたのでした。

日本へ向かう途中、イタリア、南フランス、北米を視察し、スイスを発って三か月の後に帰国した私を待っていたのは、出身地長崎の海星学園高等学校教諭就任の辞令でした。

時に一九五五年（昭和三十年）、日本では自由党と民主党が合同して自由民主党が結成され、「もはや戦後ではない」が合い言葉のようになっていました。神武景気と呼ばれる爆発的な好景気に見舞われ、世の中が活気を取りもどしていた時期です。

私は、二十代最後の年を迎えていました。

第二章　優しさを向ける

子どもたちの心を開く

昔から教育学の専門書もたくさん出ていますが、私は初めて教壇に立つことになった六十年前から、手探りで、きわめて自己流の方法を実践してきました。

前の章でお話ししたように、長崎はキリスト教の背景を強く持つ場所ですが、かつて江戸幕府がキリスト教の信仰を禁止していた時代のなごりは戦後になってからも完全に拭われることはなく、ずっとその土地に脈々と横たわり続けていました。キリスト教を邪宗門、つまりよこしまな宗教とする空気は、私が教師となってもどった一九五五年（昭和三十年）のころにはこの地にまだ色濃くただよっていたのです。地方都市ですので、空気の循環が内部で完結してしまいがちで、なかなか外部との空気の交換が進みません。

しかし、そうした空気が、若い私を奮起させたように思います。当時の私は、絵に描いたような熱血教師でした。なにしろ、たくさんの子どもたちを前にして、「彼ら全員を改心してみせる」という野心に燃えていたのです。子どもたちの心をしっかりしたものに入れ替えてやろうという「改心」のほか、キリストの教えに気付いてもらう「回心」を期待する気持ちもありました。そして、そのためには、まず「子どもたちの心を開く」ことだと考えました。

当時、私が担当した授業は倫理社会や宗教などでした。中には、「倫理社会も宗教も大学受験に関係ないし、金儲けの役に立つわけではない」と露骨にやる気のなさを見せる子どももいましたが、私は事前に授業用のノートをつくって工夫を凝らしたり、宗教の時間用として手づくりの楽譜なども用意したりしました。だいぶあとになってから、同窓会で卒業生と歓談していたおり、当時の生徒の一人が、

「田川先生の授業は、本当によく歌う授業でしたね。学年の終わりのころになると、分厚い、立派な歌集ができあがっていましたよ」

と笑って話してくれたことがありました。

子どもたちの気持ちをつかむために、いろいろなイベントも企画しました。

みんなでキャンプにも出かけました。スイスでは夏休みになると、先生や学生たちが一緒に山や海へ行って、勉強はもちろん、遊んだりスポーツをしたりして自然の中で時間を過ごす、コロニー・ド・バカンスに出かけましたので、同じように日本の子どもたちと楽しんでみようと思いました。現在はアウトドアという娯楽の分野が確立していますが、昭和三十年代の、しかも田舎のことですから、子どもたちにとってとても新鮮だったことでしょう。家庭の事情でお金を出すのがむずかしい子どもの分は、私がアルバイトをした分でめんどうを見ることにしました。教会へ出かけていっ

て、お話をしたときにいただく謝礼などをこれにあてたのです。

海星学園は長崎港を一望する山手にあり、近くには海水浴ができる海岸もありましたので、子どもたちを海にも誘いました。山間の地方からやってきていて、海に入るのは初めてという子どももいて、喜んでくれたのですが、中にはふだんから学校にわらぞうりやゴムぞうりをはいてきていて、海パン（当時は水着といわず、海水パンツといっていました。略して海パンです）など買ってもらえなかったり、小さくなってしまっていたりした子どももいました。そこで私はデパートに行って、いろいろな色やサイズの海パンを買い込み、学校に持っていって子どもたちの前に積み上げました。色とりどりの海パンを前に、子どもたちは歓声をあげて喜びました。

お茶やお菓子の仕事

現在もそうですが、私はよく、みんなで集まったときや、子どもを個別に呼んで話をしたいときなどにはお菓子を用意しました。

「ねえ、クッキーがあるんだけど、食べない？」

食べ物でつるというのとは違います。友達どうし、親子、会社の同僚や部下と上司など、どんな関係であっても、会って話をするときにはお茶やお菓子を自然に置いたりするでしょう。そのこと

海星学園では、33歳のときに副校長を命じられました。

で話がはずんだり、距離が縮まったりするものではないでしょうか。テレビを見ていると、よく男性が女性をお茶や食事に誘うシーンがあります。相手の気持ちを開かせたい、こちらに向けて開いてほしいと思うときには、やはり食べ物や飲み物をあいだにはさむものですね。実際、一緒に食べたり飲んだりしているうちに相手も自然に心を開いてくれるというものです。また、お菓子やお茶がうまく間をもたせてくれたり、相手が手を伸ばすかどうかを見ていて、こちらにどのくらい気持ちの距離を置いているかを、なんとなく測ったりすることもできます。

問題児をたしなめるときには、部屋に呼んで

「おせんべい、どう?」

と向けても、相手はかたくなになっていて、なかなか手をのばしません。そんなときは、

「あさって、日曜日だけど、お昼前にもう一度来てくれないか。ラーメンでも一緒に食べようよ」

といって、とりあえず帰して日曜日に部屋にいると、こちらもおなかがすいてきたなというころになって、ひかえめにドアをノックする音が聞こえてきます。

同窓会の席などで当時の思い出話になると、

「あのとき、アイスクリームをごちそうしてくださったのが、本当に嬉しかったんです」

「修学旅行のときに買ってくださったお菓子、おいしかったですよね」

という話になります。いろいろと話を聞いてみると、単にお菓子が嬉しかった、おいしかったということではなく、その体験が子どもたちの中で「先生」との距離を縮め、「学校生活」に彩りを添える機会となっていたことを実感します。子どもたちの心をこちらに開かせるという重要な仕事を、アイスやお菓子が、しっかりしてくれたなと感じ入ります。

時には大人の論理を

当時、私はそうしたお茶やお菓子などを用意するための「出費」をすべて自分のお金でまかないました。私は生涯、独身を貫き、資産を持たないことを誓った身ですから、家のローンや子どもの学費のためにお金をとっておく必要がありません。ですから、いただいたお給料のほとんどは、子どもたちと過ごすために使いました。

お金がなくなると、アメリカの知り合いの神父に手紙を書いて、ドルを送ってもらうこともありました。これも、キリスト教やマリア会の精神という世界的なつながりを背景に持つ人間だからこそできたのかもしれません。

さきほどお話ししたように、神父として、近くの教会に出かけていってお話をしてお金をいただくこともありましたが、それも全部、子どもたちのための出費にあてました。

いつか、一人の卒業生が「海パン」の一件をおぼえていて、当時のことを話してくれたことがあります。私が海パンの山を前に
「どれでも、自分に合うとば、持っていってよかぞ」
というと、みんな口々に
「嬉しか！」
「先生、ありがとう！」
と叫んで手に取り、喜ぶ中で、その卒業生が私に
「先生は金持ちばい！」
といったそうです。私が
「そうかな。でも、もうないよ。また教会に行って黙想会を開いて、もらってこようか」
と答えると、そばにいた別の子どもが、
「黙想会って、もうかるとですねえ！」
とおどけていいました。
「そうだよ。頼まれて説教ばしにいけば、お金がもらえるとさ」
と私が答えるのをそばで聞いていて、その卒業生は複雑な気持ちになったといいます。私が冗談

最近は目が弱くなってきてしまいましたので、なかなか難しいのですが、ずっと学校では神父としてミサを開いてきました。写真は野外ミサの模様です。

半分にこたえているのだとわかっていても、自分の面持ちが険しくなっていくのをおさえることができなかったというのです。おだやかならぬ形相で自分をにらみつけている彼に気づいた私は、

「お金がいるんだよ、何かを実現すっとには。理想は理想のままではいかんとぞ。なんとしても形を与えんば、いかんとやっか」

といったそうです。彼は、そのときは決して釈然とはしなかったものの、そのときの私の怒ったような、悲しそうな表情と、圧倒的な気迫を、その後もずっと忘れることができないでいるのだと話してくれました。

校長先生が声をかける

長崎での熱血教師としての毎日も五年がたとうとした私のところに、東京のマリア会から転勤の辞令が届きました。東京へ出て、九段の暁星学園中学・高等学校の校長をつとめるようにとの指示でした。

三十五歳というのは、学園の長い歴史の中でも最も若い校長だったようです。赴任してみると、自分よりも年上の先生や、中にはかつて自分が生徒として教えを受けた先生も何人かいて、最初はとまどうこともたくさんありました。

東京・九段の暁星学園中学・高等学校の校長に就任したころ。

当時のことについて、機会を見つけて卒業生たちに話を聞いてみると、「田川校長」は、やたら生徒たちに声をかける校長として記憶されているようです。

普通、校長先生といえば、朝礼をはじめ始業式や卒業式など特別な儀式のときに姿を現すほかは、校長室でハンコを押したり、職員室で先生がたに指導をしたりしていて、あまり生徒と接触の機会がないというのが一般的なイメージでしょう。

しかし、それまで日々、子どもたちとの接触の中で一人ひとりの心を開かせていくことに気持ちを傾けていた私は、校長となってからもひきつづき、日常的にその努力を続けていきたいと考えました。校長ですから、授業を持って教室で子どもたちと直接向き合う時間はなくなりましたが、朝、校舎の入り口や校門のところに立って、登校してくる子どもたちに声をかけたり、休み時間に校庭へ出ていって肩をたたくことはできます。

子どもたちも、最初はとまどったようです。朝、校舎の玄関などで校長先生が呼びかけてくることと自体、意外だったことでしょう。ことに私は、

「○○君、おはよう」

「やあ、○○君、元気か？」

と、名指しで声をかけたのです。

東京・九段の暁星学園。現在の校舎に建て直される前のころの光景です。

登下校時、休み時間、私は子どもたちのところへ行って、彼らに声をかけ、肩をたたきました。

私は、子どもたちの顔と名前をできるだけたくさん記憶しておくように一生懸命に「予習」をしました。本人を目の前にしてどうしても名前が出てこないときは、くやしくて、何度も「復習」をして頭に入れました。

さらに、子どもたち一人ひとりの状況や事情も、できるだけ頭に入れておくようにしました。病気で休んでいた子どもが出てきたときには

「もう大丈夫か。よかったな」

と声をかけ、家庭に不幸があった子どもには

「おうちの人は疲れていないか。気を付けてあげなさい。きみも頑張れよ」

と肩をたたきました。

声をかけられたほうは、かなり驚いたようです。校長先生が自分たちのことをそんなに知っていてくれているとは、普通は思わないでしょう。でも、それだけに子どもたち一人ひとりの中で、先生や学校というものに対する印象は確実に変わっていき、同時に、それがこちらに対して心を開いていくきっかけとなっていたようです。

私は現在も、日々、時間の許すかぎり子どもたちのところへ行って声をかけ、肩をたたき、はげまし、時に叱って、彼らの一人でも多くの心を開く努力を続けています。

こうした体をはったコンタクトは、90代半ばを迎えた現在ではさすがに厳しくなりました。しかし、今でも必ず朝は教室棟へ行って、子どもたちの元気な顔に接しています。

教え子の結婚式に呼ばれ、祝福できることは、本当に嬉しいことです。

教育の場での「神」の存在

以前、ある著名な政治家が「日本には宗教や神に対する概念がない」といっているのを聞いたことがあります。日本人には、神という存在を身近に感じる感覚がない。だから、「誰も見ていないからいい」という判断をする。まわりに誰もいなくても、神がいつも自分を見ているという意識があれば、賄賂をやりとりしたり、税金をごまかしたりといったことはできないはずだ、というのです。

ふだん「自分は無神論者だから、神も仏も信じないよ」などといっている人でも、つらいときや追い込まれたときなどに神頼みをすることがあるものです。また、人間は死んだら終わりだという人も、一年に何度かは先祖の墓参りをしたり、そこで手を合わせたりしているものです。形のないものを認めているような認めていないような、日本人にはそんな不思議な一面があります。

私は、特に「心の教育」を大切に考えるうえでは、教育の場に「神」という概念がやはり必要なのではないかと考えています。

たとえばカトリックの考え方では、私たちは一人の人間として存在していますが、もう一つ、目に見えないものが我々のそばに常に実存していると考え、それを「神」という言葉で表現します。

さきほどの賄賂の話ではありませんが、「誰も見ていないから」「見つからなければ」という葛藤の瞬間は、大人にかぎらず、どんな子どもにも訪れるものです。そんなときでも「神はいつもそばで見ている」という意識があれば、してもいいこと、してはいけないことを自分で判断することができるでしょう。

現代の子どもたちは、インターネットや携帯電話を身近な道具として操ることで、私が子どもの時分とは比べ物にならないくらい、いろいろな情報を仕入れています。いつか、中学の生徒と話をしていて驚かされたことがあります。その子どもはクラブの合宿に出かける朝、家を出る前に自分の母親に、

「今日から私はお泊りだから、今晩はパパとママはラブラブだね！」

といったというのです。

性にまつわる情報や暴力に関することなど、驚くほどの内容や膨大な量の情報が子どもたちの目の前を流れていて、無造作にいろいろなことを知り、また簡単にアクションを起こすことができる時代だからこそ、子どもたちには、誰から何をいわれることなく、自分自身できちんと善悪の判断ができるようであってほしいと思います。

また、最近では若い人たちが、信じられないような恐ろしい殺人事件を起こしたり、自ら命を絶ったりといったいたましいニュースが連日、新聞やテレビをにぎわせています。「命」というものに

対する子どもたちの意識を一刻も早く改めさせていかなければならないのではないでしょうか。

キリスト教では、天地は神の創造によるとされています。神は天と地をつくり、太陽をつくり、月や星をつくり、海をつくって地上をつくり、動物をつくりました。そして最後に神は、そうした万物を支配する長として、人間を神に似せてつくりました。そこで、私たちの命は神から与えられたものであるから、人の命を傷つけることも、また自分自身の命を粗末にすることも許されない、死後に審判を受けるのだと教えて、命を尊ぶ意識を持たせます。

勉学に向かう姿勢も、カトリックの精神の中から涵養していきます。私たちは、私たち人間は神に似せてつくられたものとして、神に近づくように努力しなければならないと説きます。神になることはもちろんできませんが、神に近づく努力をすることはできるし、それが私たち人間と神とのあいだの約束であると導くことで、子どもたちに自らを知的に磨いていくことを一つの哲学として持たせ、自然に勉学に向かう姿勢を獲得することを促したいと願っています。

なお、キリスト教の世界には、懺悔の機会というものが用意されています。人間は弱い者ですから、どうしても罪を犯してしまいます。旧約聖書の中にも「すべての人間は罪びとである」と書かれています。罪といっても、警察のお世話になるようなものではありません。つい小さな嘘をついてしまったりして「どうして、あんなことをしてしまったんだろう」と自分の中で反省をすることは、誰にでもあるものです。

そんなふうに悪いことをすると、良心がとがめます。良心というのは神の声です。だから良心にしたがって生きていかなければなりません。つまり、正直に誠実に生きていくことです。しかし、そうしたつらい時間の経験は、誰にでもあるものです。そんなとき、キリスト教の世界では神の前で自らの罪を告白し、許しを乞うようにします。これを懺悔といっています。

実際には教会などで神父に向かって罪の告白を行い、神父は黙ってこれに耳を傾けます。そこでは神父がその内容をいっさい他言しないことが約束されています。「教師間での情報共有」などという言葉を持ち出される方もいるかもしれませんが、これは教師による子どもたちの「管理」ではなく、平等な人間どうしの「心のやりとり」です。

気持ちが弱っているときや追い込まれたとき、きちんと気持ちを受け止めてくれる場を持っているのとそうでないのとでは、大きな違いがあります。

私たちの学校では、多くの子どもたちが寮で生活をしています。一人の人間としてもっとも信頼を寄せる親という存在が身近にいない彼らに対しては、特に細かなところまで神経をゆきわたらせて接するようにしています。

精神的な背景に「神」を持つことは、微妙で多感な世代にとって大切な支えを得ることにもなるのだと思います。

第三章　国際人とは

「国際人」とはなにか

私は、この世代の人間としては比較的、若いころから、日本の外の空気によく触れてきたほうかもしれません。そもそもキリスト教という、もともとは西洋で生まれた価値観や考え方の中で育ってきましたし、二十代のうちにヨーロッパ諸国や北米などを訪れ、そこで単なる旅行者では触れることのできない、外国の人々の考え方や人間性と向き合う機会を与えられました。

洋行の船のレストランでは、まわりからじろじろと物めずらしげな視線を向けられ、自分はいったん日本を出れば白人でも黒人でもない、小柄で肌の黄色い、小さな島国の人種であるという思いを、料理の味の代わりにかみしめました。

留学先のフリブール大学では、早々にアメリカ人と議論も交わしました。

「おまえたち日本人は、真珠湾を不意打ちしたよな」

「あんたたちこそ、原子爆弾を落として、たくさんの人たちの命をうばっただろう」

などと、かなりお互いに熱くなってやり合っても、彼らは翌日には

「おはよう、ドミニク(私の洗礼名)。元気かい?」

と肩をたたいてきます。日本人どうしなら、しばらくお互いに感情が尾を引きそうなものですが、

アメリカ人はさっぱりしたものだ、世界にはいろいろな人々がいると感心したものでした。

「国際人」という言葉は決して新しいものではありませんが、何をもって国際人とするのか、国際人であることの要件は何か、真の国際人とは何か、つまり「国際人」というものの定義は、「国際人」という言葉を口にする人の数だけあるようです。

「国際人」という言葉を聞いて、私が真っ先に連想するのはユダヤ人です。

ユダヤ人はたった二千万人しかいない民族ですが、その何倍もいるアラブ人との戦争に勝ちました。アメリカを牛耳っているのはユダヤ人であるという人や、ユダヤ人たちがやがて世界侵略を果たすと警鐘を鳴らす本もあります。ノーベル賞受賞者の約二十パーセントはユダヤ人だそうです。著名な政治家やマスコミで活躍する人物も多く、かのウォルト・ディズニーもユダヤ人です。

ユダヤ人が歴史的にも、また今日にあっても秀でた存在である理由はいろいろといわれていますが、私は彼らの教育に対する考え方にこそ秘密があると思います。

ユダヤ人は二千年のあいだ、自分たちの国を持たなかった民族です。自分たちの国がないということは、銘々が自分で生きていかなければならないということです。国の助けを借りずに生きていこうという哲学を持った彼らは、そのために必要な力を自分たちの子孫に与えていくには教育を行うことが必要だと考えたのでしょう。

どれだけ莫大な財産や土地を持っていても、立派な家があっても、高い地位についていても、ある日、「あなたがたはそこから出ていきなさい」といわれたら、それでおしまいです。そのときに持っていけるのは自分の命と、そして受けた教育だけです。命を取られない限り、受けた教育を剥奪されることはありません。

私のまわりでも、よく、遺産相続のつもりで子どもに教育費をかけているという話を聞きます。特に医学部を志望するお子さんを持つご父兄から、

「土地を売って、子どもを学校に入れました。ちょっと早い遺産相続のようなものですよ」

という話を聞くことがあります。これは、一つの考え方として間違っていないのです。

自分の国を持たないユダヤ人たちは、地球上のどこででも生きていけるように、まず語学を身に付けました。

隣国が攻め込んできたり、政変が起こったりして、それまで生活していた土地を追われる事態が不意に訪れた場合、どこへ行っても生活ができるように、彼らは語学の勉強を三歳から始めます。ユダヤ人の知識人はたいてい英語、フランス語、ドイツ語の三か国語を自在にあやつります。最近では、これに中国語が加わっているでしょう。

語学力があれば国際人か？

いまや語学力、さしあたり英会話のある程度のスキルは、ビジネスの世界ではあたりまえのように求められる時代になりました。ビジネスマンたちは会社が終わったあとで英会話の学校に通ったり、英検やＴＯＥＩＣの試験を受けるために一生懸命勉強しているようです。

でも、外国語を流暢に使うことができれば国際人なのでしょうか。言語はあくまでコミュニケーションの道具であって、それを操る者の人間性こそが問題であるはずです。

たとえば、世界のいろいろな国々から日本を訪れた人たちが、あなたのところにやってきて、雑談をはじめたとします。実は彼らは全員、日本語が堪能で、会話はすべて日本語で行われるとしましょう。

みんなはまず、あなたに日本の歴史や文化のことをたずねてくるでしょう。でも、あなたはきちんと胸をはって説明できるでしょうか。徳川幕府のこと、川端康成のこと、富士山のことについて、外国からやってきた彼らの好奇心を満たすだけの話をすることができるでしょうか。

また、次に話題が近代哲学に移ったとして、あなたは、サルトルやら実存主義やらの話題に加わり、耳を傾けたり、自分の意見を述べたりすることができるでしょうか。

それができない場合、やりとりが英語なら「英会話はちょっと…」という言い訳ができるかもしれません。しかし日本語であっては、まるで立場がありません。

会話が英語であって、あなたがバリバリの英語の使い手であったとしても、徳川幕府のことや実存主義について何も知識や考えを持っていなければ、ただただ目の前で繰り広げられる熱い議論の傍観者でいるしかありません。

さらに、仮にあなたが流暢に英語を操り、しかも教養も十分に備えた人物だとしても、誰かが口をはさもうとするのを手でさえぎって、いつまでも話を続けたり、自分の意見に対して反対意見が唱えられると、それ以後は腕を組んでそっぽを向いていたりしたらどうでしょうか。

また、もしあなたが、世界中から集まった面々を前に、もっぱら白人のほうを向いて話したり、肌の色が濃い人たちの話にはまったく耳を貸さないような人物であったりしたら、外国からやってきた彼らに「また日本にきたときには、ぜひ彼とまた話をしたいなあ」という気持ちを喚起することができるでしょうか。

人を受け入れる広い心、差別しないまっすぐな心を持ち、人間としての存在を感じさせる人物こそが国際人としてのベースになるのではないでしょうか。そして教養と知性があり、ゆとりのある心を持って、外国人を魅了できる人にならなければ、本当のコミュニケーションもできないのだと思います。

道徳教育にも熱心だったユダヤ人

私は留学時代に、また九段の暁星学園の校長時代には特にフランス人を中心として、諸外国の人々と接触し、面会をし、また交渉をする機会がありました。そこではよく彼らが、心の広い、人を差別しない人物のことを

「ボン・ディークト！」

「グッド・タイプ！」

つまり、「あの人はいい人だ、信用できる、面白い人だ」と称えるのを耳にしました。

さきほどお話ししたユダヤ人も、語学ばかりではなく、教養や道徳に関する教育を厚くしていました。彼らは子どもが三歳のときに語学教育を始めるのと同時に、ユダヤ教の旧約聖書や、ユダヤ人が編纂した「タルムード」と呼ばれる聖典を子どもたちに勉強させたのです。「タルムード」は、生活の中で発生するありとあらゆる問題の解決の方法や、人間の生活の基本などをユダヤの学者たちが編纂したもので、十万ページにもおよぶ書物です。それをラビという指導的な立場の人間が教えたり、あるいは家庭で父親が子どもたちに教えました。たとえ内容が理解できなくとも、徹底的

にたたき込みました。そんなふうにして、早くから子どもたちの中に道徳観念や哲学を身に付けさせていったのです。

現在、私たちの学校には、下は幼稚園から上は高等学校まで、たくさんの外国人の先生が教壇に立っています。彼らは子どもたちからすれば、もっとも身近な外国人であり、私も彼らには「真の国際人」とは何かを身をもって示す人物であってほしいと願っています。外国人講師の中には、短い人の場合は一〜二年で本国へ帰ってしまう人もいるため、新しく来てもらう人との面接も頻繁に行います。そこでの判断の基準は、礼儀正しく、立ち居振る舞いや言葉遣いがしっかりしていて、服装は清潔であるか、また士気があり、語学力のほか教養や知識を豊富に備えているか、などです。

人間が最初に出会ったとき、やはり相手のルックスというものに目がいきがちです。しかし、そこで私が着目するのは顔のつくりや体つきではなく、たとえば礼儀作法や、言葉遣いや、立ち居振る舞いです。それがしっかりできていれば、着ているものは清潔であればいいのです。

そしてもう一つ、人物の内面については、心がいかに豊かで広くて高尚であるかということです。

つまり、それが私の考える「真の国際人」であり、暁星国際学園ではそうした人物の育成を大きな目的の一つとしています。

帰国子女という存在

いま、いろいろな中学や高校、あるいは大学の受験案内を見ていると、「帰国子女」という文字をずいぶん目にするようになりました。

帰国子女というのは、ご存じのように、両親の仕事などの事情で海外で暮らし、日本に帰ってきた子どもたちのことです。入学試験にあたっては、通常の学力試験ではなく、本人の書いた志望書を検討するＡＯ入試（アドミッションズ・オフィス入試）と呼ばれる方式や、適性試験などによって合否を判断しています。

一口に帰国子女といっても、いろいろな子どもがいます。

親の赴任先が外国の大きな都市であれば、現地に日本人学校が設けられていますから、そこで国内の学校とほぼ同じ内容の教育を受けることができます。帰国後に日本の学校に編入させても、比較的すんなりなじむことができるでしょう。

日本人学校がないために、インターナショナルスクールと呼ばれる学校へ通う子どももいます。これはその名のとおり、日本人だけではなく、現地へやってきて生活しているあらゆる国の家庭の子どもたちが通う多国籍な学校で、多くの場合、授業は全面的に英語で行われます。

たとえば、中学一年のときにアメリカに渡り、その後、中学三年になって帰国した子どもは、現地で日本人学校に通っていたとしても、インターナショナルスクールに通っていたとしても、日常会話を含む英語の力を相当つけているでしょうし、もちろん日本語の読み書きやコミュニケーションも自然に行うことができるでしょう。日本の中学校に編入しても、すんなりなじめるかもしれません。

しかし、二歳のときにアメリカに移り、十二歳までインターナショナルスクールに通った子どもの場合はどうでしょうか。現地で、親が家庭で意識的に日本語の訓練をしたり、日本人サークルに参加させたりしていても、それでも顔形は日本人そのものでありながら思考は英語という子どもになっているかもしれません。

そうした子どもを、帰国後に一般の学校に編入させることには大きな無理や困難が伴います。まず日本語による授業についていくことができないし、また周囲の友人たちと自然にコミュニケーションをとることもできないでしょう。

言葉の問題だけではありません。生活習慣や嗜好の違いというものを、子どもたちも敏感に感じ取るものです。まわりは物めずらしさもあって、微妙な部分をあげつらい、からかったりすることもあるでしょう。英語の時間に教科書をネイティブそのものの発音で読んで、ひやかされ、以後、萎縮してしまったりするなど、本人にしてみれば理不尽な、つらい思いをすることもあるでしょう。

かつて、留学を終えて帰国し、新米教師として意気揚々と教壇に立った私にも、そんなギャップにとまどうシーンが訪れました。

私が留学していたスイスでは日頃から教師と学生がフランクに声をかけ合い、授業もうち解けたなごやかな雰囲気のもとで行われていました。しかし、長崎の学校には「三歩下がって師の影を踏まず」という考え方が残っていて、教師はあくまで威厳を持って教壇に立ち、生徒たちに対して毅然とした態度でのぞむことがよしとされていたのです。ところが私は、授業中にはそれなりの威厳を発揮しましたが、休み時間などは生徒たちにどんどん声をかけて、なごやかにやりとりをしていました。それが「人気取りをしている」として、同僚の教師たちの攻撃の的となってしまったのです。一度そうなると、「坊主にくけりゃ袈裟まで」ではありませんが（もとより私は坊主ではなく神父ですが）私の物のいい方や一挙手一投足が鼻につくようで、いちいち揶揄の対象とされ、私はすっかり「洋行帰りのキザ」というレッテルを貼られてしまいました。

大人であれば、信念を持って自己を貫いたり、柔軟にそりを合わせたりして、やりすごすこともできますが、子どもの場合、おしつぶされたり、自分を見失ったりしてしまうこともあるでしょう。

そのため帰国子女に対しては、彼らが受けた教育や生活の背景を配慮した、きめ細かな受け入れ体制が必要となるのです。

「帰国子女」のための学校

私が東京・九段の暁星学園中学・高校の校長をつとめていた一九六〇年代は、日本が高度経済成長の波にのって国際的な競争力をつけていった時代です。当時、国内の商社や銀行などが意欲的に海外への進出をはかるようになり、単身赴任ではなく家族ぐるみで海外に赴任する日本人が増えていきました。

当時の文部省（現在の文部科学省）の統計によると、一九六六年（昭和四十一年）の段階で海外で暮らす幼稚園から高校までの子どもの人数は約四千人でしたが、一九七六年（昭和五十一年）には小学校・中学校の義務教育年齢の子どもだけで約一万八千人、一九八六年（昭和六十一年）には約四万一千人と激増しています。

これに合わせて、帰国子女の人数も増えていきました。一九七一年（昭和四十六年）には小学校から高校までの年齢の子どもが約千五百人でしたが、一九七六年（昭和五十一年）には約五千人、一九八六年（昭和六十一）には一万人を上回っていました。

当時、暁星学園は、国内にフランス人のための学校をつくりたいというフランス大使館の意向に協力して学園の敷地の一部を貸し出すなど、フランス政府と親しい関係にありました。また、当時、暁星学園では小学校からフランス語を教えていて、またキリスト教を背景としていることもあり、一般の学校に比べてそうした帰国子女を受け入れる用意が整っていました。

そのため、暁星学園はフランスをはじめ、スイスやベルギーなどから帰ってきた子どもたちを広く受け入れていたのですが、やがてフランス語圏以外からの帰国子女の受け入れを希望する声が高まっていきました。

中には、せっかく現地での生活で身に付けた外国語の能力を国内でおとろえさせてしまうのは残念なので、引き続き外国語が身近な環境で子どもに教育を受けさせたいと希望する家庭もありましたが、そうした希望をかなえる学校は当時、皆無でした。

また、子どもが高校生になっている場合、赴任先に一緒に連れていくのではなく、日本に残して日本人としての教育をしっかり受けさせたいという要望を持つ家庭もあるようでした。日本の大学を受験するのであれば、日本で受験勉強をするほうが有利だということもあります。

そんな状況を見ていて、やがて私の中では「帰国子女の受け入れを目的とする全寮制の学校」新設の構想が輪郭を持ちはじめました。

五十歳の冒険

新たな学校建設の構想は、時間がたつうちに私の中でどんどん具体的になっていきました。私は帰国子女の受け入れを目的とする一方で、帰国子女というものが生まれる状況、つまり日本人が活動の舞台を世界に移していく国際化の時代をにらんで、的確に国際教育を行うことがこれからの時代、間違いなく求められるはずだと考えました。

また、当時、すでに国際化という言葉はあちこちで使われていましたが、実際に国際教育を行っている学校はあるのだろうかという疑問も持っていました。一方、当時、すでに世の中は中学・高校というところに対して「受験」という大命題をつきつけていましたから、それを度外視して「国際化教育」の看板を掲げることが、はたして世の中の関心を集めることになるのか、そして、学校を経営するマリア会の理解を得ることができるのかということに頭を悩ませました。

私は、かつて誓願を立てる際に聖書に手を置き、遠い異国の地にやってきた宣教師たちのことを思い、私も非凡に生き、教育に一生を捧げることを決心した日のことを思い出しました。

私は、冒険的に生きることを神と約束したのでした。暁星学園は、裕福でしっかりした家庭の子どもが多く、そのため職員室で教師が子どもの素行のことで頭を抱え込んでしまう事態もそうそうありません。また、理事会の席で学校経営をめぐる危機的な数字を前に一同が暗澹たる面持ちになるということもない学校です。その意味では、小・中・高校の校長、また暁星学園の理事長としておだやかに過ごしていく道も、まわりから見れば、あったのかもしれません。

しかし、思い切ったことをして非凡に生きるのが自分にとっての選択肢であると確信した私には、困難や苦労が目に見えている方向以外に選ぶ道はありませんでした。

資金という壁

前の章で、長崎の海星学園での教師時代、子どもたちに海パンを買い与えた際に、一人の子どもに「理想は形にしなければいけない。そのためにはお金がいる」と諭すことになったときのことをお話ししました。

私はまさに、そうした事態を迎えることになりました。結局、新学校建設の件は暁星学園の理事会で正式に了承されましたが、私は暁星学園に負担や迷惑をかけることのないよう、自分で資金を調達する道を選んだのです。

しかし、なにしろ「学校をつくる」のです。私は当初、百万円の寄付を百人の方にお願いすれば一億円になるから、それでやれるのではないかと計算しましたが、とんでもありませんでした。最

暁星国際高等学校 設立委員会名簿（昭和54年）

敬称略 順不同

顧問	園田　直	外務大臣
〃	田中竜夫	前通産大臣
〃	佐々木良作	民社党委員長
〃	鹿島卯女	鹿島建設会長
委員長	萩原　徹	元駐仏大使
副委員長	谷村　裕	東京証券取引所理事長
〃	久宗　高	国際協力事業団副総裁
〃	田川　茂	暁星学園長・理事長
〃	砂田重民	文部大臣
〃	柏木雄介	東京銀行頭取
〃	櫻田　久	暁星同窓会会長
〃	白柳誠一	カトリック大司教
委員	後藤正夫	参議院議員
〃	下条進一郎	〃
〃	楢橋　進	衆議院議員
〃	稲山嘉寛	新日本製鐵会長
〃	石渡秀男	建設省専門委員
〃	青山　俊	西武都市開発相談役
〃	古屋徳兵衛	松屋社長
〃	稲村光一	日本ユーロピアンバンク会長
〃	石井光次郎	元衆議院議長
〃	斉藤了英	大昭和製紙社長
〃	嶋中鵬二	中央公論社長
〃	梅田健一	暁星関西同窓会会長
〃	池浦喜三郎	日本興業銀行頭取
〃	白鳥芳郎	上智大学教授
〃	石井好子	音楽家
〃	堤　清二	西武百貨店社長
〃	兵藤嘉門	元暁星学園後援会理事長
〃	秋山利郎	暁星学園後援会理事長
〃	西川正次郎	第一勧業銀行会長
〃	斉藤茂太	医学博士・斉藤病院院長
〃	松浦鉄也	日本医師会副会長・松浦医院院長
〃	黒川　新	暁星同窓会副会長
〃	松村輝男	暁星学園後援会副理事長
〃	富来正博	マリア会管区長・学園理事
〃	村岡隆雄	暁星学園副校長・学園理事
〃	山田正忠	暁星学園教頭・学園理事
〃	吉村新一郎	マリア会神父・学園理事
〃	渡辺徳二	三菱瓦斯化学専務取締役・学園理事
〃	篠田雄次郎	上智大学教授・学園理事
〃	片山善次郎	マリア会員・元暁星小学校長・学園評議委員
〃	田上保幸	マリア会員・暁星中・高教諭・学園評議委員
〃	柿山　隆	マリア会員・暁星中・高教諭・学園評議委員
〃	辻　　清	マリア会員・元暁星小・中・高校長・学園評議委員

暁星国際高等学校 募金委員会及び顧問名簿（昭和54年）

敬称略 順不同

委員	谷村　裕	東京証券取引所理事長
〃	久宗　高	国際協力事業団副総裁
〃	稲山嘉寛	新日本製鐵会長
〃	水上達三	日本貿易会会長
〃	池浦喜三郎	日本興業銀行頭取
〃	斉藤了英	大昭和製紙社長
〃	中部慶次郎	大東通商社長・大洋漁業重役
〃	堤　清二	西武百貨店社長
〃	嶋中鵬二	中央公論社長
〃	櫻田　久	東光電気工事副会長
〃	古屋徳兵衛	松屋相談役
〃	利光一久	三菱重工業専務
〃	渡辺徳二	三菱瓦斯化学専務
〃	西川正次郎	第一勧業銀行会長
〃	柏木雄介	東京銀行頭取
〃	緒方太郎	千葉銀行頭取
〃	安井　正	三菱信託銀行専務
〃	河野利夫	日産自動車常務
〃	稲村光一	日本ユーロピアンバンク会長
〃	平原聡宏	証券経済倶楽部専務理事
顧問	今　日出海	著述業
〃	野田一夫	日本総合研究所理事長・立教大学教授
〃	桶谷繁雄	元東京工業大学教授・京都産業大学教授
〃	尾上梅幸	歌舞伎俳優
〃	松本幸四郎	歌舞伎俳優
〃	尾上松緑	歌舞伎俳優
〃	戸板康二	作家・評論家
〃	白井浩司	慶應義塾大学教授
〃	篠田雄次郎	上智大学教授・学園理事
〃	金田武明	スポーツイラストレイティドアジア代表
〃	深田雄輔	日本航空広報部・作家・評論家
〃	市川染五郎	歌舞伎俳優
〃	片山竜二	Ｔ．Ｖタレント

終的には十億円ぐらいは必要になることがわかったのです。

私は暁星学園のOBや父兄の方々にお願いして新学校の設立委員会や募金委員会をつくり、あちこちにお願いをしました。「校長がやるなら、ご協力しましょう」と、多くの方々が快く引き受けてくださり、人どうしの信頼関係というものの大切さが身にしみる思いがしました。

委員の方々にあちこちに声をかけていただきましたが、必ず一度は私自身が直接うかがって趣旨をお話しし、頭を下げてお願いをしました。

銀行や企業などにもお願いをしましたが、日本には社会的に意義のある活動に対する「寄付」というものが習慣として根付いていませんので、反応は決して芳しいものではありませんでした。

また、寄付のお願いと合わせて、当時の文部省にも補助金の交渉に通いました。

当時は文部省の内部でも帰国子女の対策に関心が寄せられていた時期で、すでに一九六五年（昭和四十年）に東京学芸大学附属中学校に帰国子女教育学級が設立されたほか、一九六七年（昭和四十二年）には公立・私立の学校への帰国子女教育研究協力校の指定が開始されていました。

そして一九七五年（昭和五十年）には文部省と外務省が中心となって、「海外子女教育推進の基本政策に関する研究協議会」が設置され、帰国子女を受け入れて適応教育を行うことを目的とする私立学校の設置に対して、一九七七年（昭和五十二年）以降、助成措置がとられることが決まったのです。

しかし、私たちは勇み足で文部省の門をたたき、以来、幾度にもわたって計画の説明を行いましたが、事態は思うように進みませんでした。「こんな資金計画では実現は不可能」であるというのが、彼らの判断なのです。それでも根気よく通い詰め、「あなたがた、それは無理ですよ」と顔に書いてある役人たちを前に計画の説明を繰り返しました。一度はついにしびれを切らして、「もう、いい！」と席を立ったことがありましたが、結局二年近くを費やして、ねばり強く交渉を重ねた結果、四億八千万円の補助金がおりることになりました。これに寄付金の十億円を加え、さらに十億円を借り入れることで、資金の目処がたつことになったのです。

木更津の山の中に

いま、東京方面から暁星国際学園に向かう方法の一つに、東京駅前からバスに乗るという方法があります。東京駅の八重洲口近くの停留所からバスに乗ると、バスはすぐに首都高速道路に入り、やがて東京湾アクアラインを通って木更津市に入ります。東京駅前を出て、ちょうど一時間ほどで「暁星国際学園前」の停留所に到着し、そこから舗装された道を十五分ほど歩くと校門です。このほか東京方面からは、京葉道路や東関東自動車道から館山道に入り、木更津北の出口で降りれば十分ほどで学園に到着します。

学園はゆるやかな傾斜ののどかな山間にあります。千葉県が一九八三年（昭和五十八年）に打ち出した「千葉新産業三角構想」によって、成田、幕張とともにここ上総の開発が始まり、近くには「かずさアカデミアパーク」という、国の試験機関や研究機関のほか、製薬や化学、コンピューターなどのメーカーの研究所が集まった研究都市の近代的な建物が並んでおり、その中心部ではホテルオークラが営業しています。

現在でこそ、こうした都市としての整備の進行を肌で感じることのできるロケーションですが、四十数年前に学校建設候補地としてこの地を訪れた際には、ここはまだ自然におおいつくされた未開の地でした。いまでこそ舗装された道が校門までつづき、土が露出した路面をまったく踏むことなく学園にたどり着くことができますが、当時は、キツネやらタヌキやらがかたわらを駆け抜けていく農道をゴム長をはいて敷地に向かうような状態だったのです。

もともとここは、新日鐵が持っていた土地の一部でした。戦後、新日鐵は牧畜や不動産経営などの多角化経営をにらんで、房総半島一帯のあちこちを買収していました。国際都市の建設も計画に入っていたようです。私たちは彼らの所有していた三万坪の山を選び、買い上げて、土地を開いて建設用地としました。

学園設立のころの様子です。管理棟の向こうにはまだ森が広がっています。
小学校や野球場、第三校舎のほか、ヨゼフ寮やトマス寮もまだありません。
正門前の現在の道路もまだ通っていませんでした。

学校をつくるには、あまりに不便なところではないか、という声もよく聞こえてきましたが、全寮制の学校なのだから、生徒たちは月に一度ぐらいしか家に帰らないし、そのときは親が送迎をすることも多いだろう、だからかまわないのだと答えていました。

暁星国際学園、設立

一九七七年（昭和五十二年）、千葉県知事により、木更津市に高等学校を新設する計画が承認されました。翌年に高校校舎、聖ヨゼフ寮、管理棟の工事が始まり、一九七九年（昭和五十四年）一月に生徒募集を開始しました。募集は四月入学の高校一年生の男子のみで、帰国子女四十名と一般生徒四十名の合計八十名を定員としました。入学試験としては、帰国子女については書類選考と面接に加えて作文（日本語、英語、フランス語、ドイツ語、スペイン語のいずれか）、また一般の生徒については国語、数学、外国語（英語またはフランス語）を実施しました。

一九七九年（昭和五十四年）四月、暁星国際学園は全寮制の男子高校として開校しました。当時、帰国子女の受け入れを目的とした高校としては私たちの学校のほか、ほぼ時期を同じくして前年の一九七八年（昭和五十三年）に、東京・三鷹に開校した国際基督教大学高等学校、また関西ではこのあとに開校する同志社大学高等学校ぐらいでした。

四十年前に「国際」を標榜

「ここ木更津の山の中に新しく学校ができる」「しかも東京の、あの暁星がやってくるらしい」ということで、私たちは地元の学校関係者のみなさんをかなりハラハラさせてしまいました。東京に近いといっても、このあたりはいま以上にのどかな地域で、子どもの数もかぎられていましたから、かなり戦々兢々としていただいたようです。学校建設反対運動などの動きもありましたが、私たちは「帰国子女を対象とした学校です」「生徒の募集は地元からは行いません」とお話しして、ご理解をいただきました。

当初、一学年は七十〜八十人で、それぞれ二クラスがありました。そして一九九五年（平成七年）に暁星国際小学校を創立したときに、中学・高校も女子の受け入れを始めました。そのころからは、通学生も増えていきます。当時は都内の高校も帰国子女の受け入れに積極的になっていきました。

学園設立の当時から、そしていまでも、私たちの学校の大きなテーマのひとつは「国際人の育成」です。本章では、まず暁星国際中学、暁星国際高等学校での「国際人の育成」の取り組みをご紹介しましょう。

語学教育の充実

取り組みの一つめは、やはり語学教育です。

授業時間では、中学・高校では英語そのものの時間数を一般の学校よりも多く設定しています。中学も高校も、日本人の先生による授業が週六時間、それにネイティブ、つまり外国人の先生による授業が週五〜六時間あります。いま、一般の学校では日本人の先生による授業が週六時間、それに外国人の先生による授業が週一〜二時間といったあたりが普通でしょうか。つまり、英語の時間数が一般の学校の倍ぐらいあります。また、「英語」の時間のほかに「総合的な学習の時間」、いわゆる総合学習の時間を使い、語学に加えて国際理解教育という切り口での授業を行って、内容に幅を持たせているコースもあります。そこで使っているテキストも語学のテキストばかりではなく、環境問題をはじめとする海外の諸問題を扱ったものを活用していて、国際的なテーマやトピックを英語を通して理解する力を身に付けてほしいと考えています。

なお、中学・高校では、第二外国語としてフランス語の時間を課外授業として設けています。このあと章を改めてお話ししますが、私たちの小学校では英語に加えてフランス語を必修として、週三時間の授業を行っています。フランス語を六年間も勉強するとかなりの語学力を身に付けること

	月	火	水	木	金	土
1	社会	理２	国甲	理２	総合	数学
2	英語	社会	数学	社会	数学	英語
3	国乙	国甲	LHR	国甲	理２	体育
4	理１	数学	ESL	数学	ESL	国甲
5	ESL	英語	国乙	英語	道徳	ESL
6	体育	技術	総合	技術	英語	
7	家庭	ESL	英語	ESL	音楽	

	月	火	水	木	金	土
1	数学	数学	数学	化学	化学	現国
2	現国	英語	英語	英語	現社	科・人
3	英語	古典	家庭	体育	数学	ESL
4	体育	数学	ESL	情報	現国	英語
5	古典	現社	世界史	ESL	ESL	数学
6	ESL	世界史	数学	古典	保健	
7	美術	LHR	科・人	数学	英語	

特進・進学コースの中学1年生（上）と高校1年生（下）の時間割の例です。
週40時間のうち、英語の授業（　　）を12時間程度実施しています。

外国人の先生（ネイティブスピーカー）と日本人の先生が英語の授業を半々程度に担当。聞く・話す・読む・書くの技能を磨きます。

ができ、それを中学・高校でさらに伸ばしたいと考える子どもたちの要望に応えています。

こうして英語の授業に通常の何倍かの時間を割いていますので、目標もそれなりのものを掲げています。たとえば英検では、このあとお話しするインターナショナルコースでは卒業までに一級、特進・進学コースでは卒業までに最低二級の合格を努力目標としています。このぐらいでなければ、AO入試の際に武器とならないでしょう。

開校以来のインターナショナルコース

「国際人の育成」への取り組み、その二つめは、中学・高校ともにインターナショナルコースを設けていることです。これは帰国子女の募集を主体に行っていた学園創立当初から続くもので、長い歴史を誇ります。現在は「インターナショナルコース」と名称を変えていますが、創立から十年目に作られた時は「アングロアメリカンコース」といっていました。「アングロアメリカン」、つまり「英米」ですが、もっと多様な国々や地域を意識する意味で、発展的に現在の名称に改めています。

インターナショナルコースでは、英国数理社の五教科のうち、国語以外はすべて英語で授業を行っています。そのため英語の下地がなければ入学は難しく、基本的に生徒は本学園の小学校の卒業生が半分を占めています。ほかに外部からの帰国子女や、ある程度の英語力を身に付けた子ども、

インターナショナルコースでは、イギリス、アメリカ、カナダ、オーストラリアなどの出身の外国人の先生が学級担任を務めます。コミュニケーションは基本的にすべて英語によって行われます。

	月	火	水	木	金	土
1	LEW	LEW	ChemEX	Math	古典 B	Math
2	古典 B	Math	LER	現代文	LEW	ChemEX
3	Math	LEW	Math	ChemEX	Math	美術
4	ChemEX	体育	体育	LHR	体育	LER
5	現代文	古典 B	LEW	LER	現代文	Bio-SAT
6	Bio-SAT	Physics	Physics	Physics	SAT-Math	
7		Biology	Bio-SAT	SAT-Math	Physics	

インターナショナルコースの高校1年生の時間割の例。国語、体育、芸術、技術家庭以外の道徳、英語、社会、数学、理科（　　）の科目はすべて英語による授業です。

なかには英語の下地がない子どももいます。

インターナショナルコースの生徒たちを見ていると、彼らは休み時間に談笑するときは日本語と英語をちゃんぽんで話しています。職員室に先生を訪ねるときは英語です。インターナショナルコースの職員室では、先生と生徒は英語でやりとりをしています。英語で話しかけなければ、先生も答えてくれません。もちろん、ホームルームも英語です。

インターナショナルコースは、中一から高三まで、生徒はおよそ百人程度です。それにいずれも外国籍の先生が十人。つまり、生徒十人に先生一人です。私たちの学園は授業料が高いというイメージをもたれることがあり、なかでもインターナショナルコースはさらにお金がかかるのではないかという質問を受けることがありますが、授業料は特進・進学コースと同じです。およその見当として、一般のインターナショナルスクールの半額以下でしょう。一般のインターナショナルスクールの学費が年間二百～三百万円だとして、本校のインターナショナルコースでは学費自体は五十～六十万円ぐらいしかいただいていません。そのほかに寮費が年間百万円前後かかるために、年間百五十～百六十万円とお話ししています。それでいて、本校のインターナショナルコースではネイティブの先生が生徒十人に一人つきます。また、日本では子どもの数が減ってきていますが、いっぽうで本校のインターナショナルコースには外国人の生徒がどんどん増えてきていますので、相対的に日本人の数が減って、ますます国際的な環境になっているということができます。

つまり、高いどころか、これはかなりお得と見ることができるのではないでしょうか。

インターナショナルコースの生徒たちは、一般に日本人が不得意とするスピーキング、ヒアリングについてはまったく問題ありません。英検も、スピーキングとヒアリングのウェイトが高くなれば、合格率がますます上がることでしょう。

国際的な学校環境

「国際人の育成」への取り組みの三つめといってよいのが、留学生を積極的に受け入れることで、学校自体をインターナショナルな環境としていることです。

現在、中学・高校には合計で約三百人の生徒がいて、ここしばらくは、およそこのぐらいの数字で横ばいの推移を見せています。子どもの数が減っているのに横ばいと健闘しているのは、留学生の受け入れを積極的に行っているためです。

およその感触ですが、一九九〇年代のころまでは、たとえば身近に中国人が席を並べているということに生徒たちも違和感を抱きがちだったと思います。その当時に比べたら、いまは、「いて当然」という感じなのではないでしょうか。

学園のなかで登校・下校の時間などに生徒たちを見ていると、とてもインターナショナルな印象や雰囲気が漂っています。肌が黒い生徒がいます。東南アジアやインドからきている生徒、ほかにもパキスタン、バングラデシュ、あるいはお父さんがアフリカ出身の生徒もいます。

女性があまり肌を出さない国や地域の出身の生徒の姿もあります。私たちは、それぞれの国や地域の習慣を尊重していて、夏は暑いだろうなとは思って見ていることはあっても、「ここは日本なのだから外しなさい」とは絶対にいいません。その生徒の国や地域ではそれが普通なのです。外しなさいという理由がありません。世界のありのままの多様性を生徒たち一人ひとりにも感じてもらい、そして尊重する姿勢を自然にもってもらいたいと思います。

なかには、イスラムの神のためにお祈りをしている生徒もいますが、それも彼らの習慣です。学内には生徒用の食堂がありますが、通常の献立のなかに宗教上の理由で食べられないものがある場合は、別の献立を提供しています。宗教のほかにアレルギーについても同様です。

まず学校が多様性を認めることが、子どもたちの国際化のための環境づくりにつながるのではないでしょうか。世の中の文化の多様性をありのままに肌で感じることができる。世界にはキリスト教もイスラム教も仏教もあって、それぞれに習慣や考え方がある。そんな世界の縮図を身近に感じられる環境が、私たちの学校には備わっています。

最近では生徒の出身や国籍もますますさまざまになり、学校という空間の国際性が高まってきました。言葉はもちろん、服装や日常習慣などの多様性に身近に触れながら国際理解を深めることができる環境といえるでしょう。

かつては、ベトナムのボートピープルや難民の子弟を受け入れたこともあります。評論家・作家でカトリックの犬養道子さんのご発案で、カトリックの教会が学費をもつ形で四〜五人のベトナム人を受け入れました。もちろん全員がきちんと卒業していきました。

また、別の時期には奨学金財団を通してベトナム人留学生を二年にわたって受け入れました。ベトナム人は、基本的にたいへんまじめです。ベトナムの中学や高校では、外国語として日本語を選択することができます。日本にやってくる彼らは、きちんと教育を受けてきた優秀な子どもだったということもあるでしょう。日本語がたいへん上手で、しかも英語も得意としています。ベトナムでは公用語はベトナム語ですが、同じ東南アジアのカンボジアやラオスやミャンマーと違ってかつてはフランスの植民地であったため、アルファベットに対する抵抗がありません（アジアで英語がいちばん苦手なのは日本人だと言われています）。

留学生のなかでいちばん数が多いのは、中国人留学生です。

中国人を最初に受け入れたのは、一九九四年（平成六年）のことでした。日本人の生徒の保護者の方で中国の関係の仕事をしているという方から、「日本の大学には中国人の留学生が来ているが、日本に来たいという高校生もたくさんいる」というお話を聞き、実際に中国へ視察に行きました。それが五月のことで、実際会ってみると彼らは本当に優秀でしたので、その年の九月から、本校が特別奨学金を出して彼らを受け入れることにしました。以来、中国からは毎年、高校生がやってきています。例年およそ五人ぐらい、それが二十年ぐらい続いていますので、百人ぐらいは卒業生を出したことになります。

中国はこの二十年のあいだにこんなに豊かになったんだなと感じることがあります。そんな彼の地の空気をそのときどきの日本人の生徒たちも感じているかもしれません。

人間教育の場としての「寮」

この本を読んでくださっている方のなかに、学生時代に寮を経験したことがある方はどのぐらいいるでしょうか。

さきほどお話ししたように、私たちの学園は全寮制の男子校としてスタートしました。現在は通学生も多いのですが、中学・高校では男女合わせて二七八人ほどが寮に暮らしています。

「寮」というのは、ひとことでいえば「人間教育の場」ではないでしょうか。十代の早い時期というのは、親元から離れてみないと、自分が何者であるのかがわからないものです。その時期の子どもの親との対立というのは単なる親子げんかにすぎないもので、自分が何かわからない、でも親からいわれても素直に受け入れられない、そんな時期ではないでしょうか。そこで親に甘えることなく自分と向き合う、そしてまわりの人との距離のとり方を自然に学べる。寮にはそんな機能があるのではないかと思います。

最近では、すぐになぐりかかったり、刺してしまったりという話がニュースなどからも聞こえてきます。そんなふうに人との距離のとり方を知らない子どもたちがたくさんいるいまのような時代にこそ、改めて寮というものの存在が注目されて良いのではないかとも思います。

寮に入るのは、中学一年生のときがいちばんよいようです。ついさきほどまで小学生だった子どもが親から離れてうまくやっていけるのかと親御さんも本人も心配だと思いますが、でもひと月もたてばなれてしまうものです。素直に、なめらかに六年間が進みます。

これが高校からの入寮だと、中学生のうちに成長してしまっているために、たとえば「プライバシーがない！」などとなにかと反発に出てしまうことがあるようです。確かに以前は四人部屋などもありましたが、いまは寮の部屋もゆったりしていて、高校一年は二人部屋。高二と高三は個室です。女子寮は、高校一年は四人部屋、高二は二人部屋、高三は個室です。

さきほどお話ししたように、中学から寮に入ると集団生活がなめらかに進みます。ほかの子どもとぶつかったりしながら相互理解が進むのです。自分の非を親から突かれると反発するものですが、友達から指摘されると、自分がどこがいけないかを客観的に受け入れるものです。そんなふう

中学生の4割弱、高校生の7割強が寮に生活しています。消灯・就寝は22時、その手前の3時間は自習にはげみます。

寮には舎監、寮母などのスタッフがいて、多感な時期の子どもたちを見守っています。写真は女子寮でのイベントの様子です。

にして自分自身の性格、欠点、そして自分がどういう人間なのかを自然に思い知るようになります。すると、健康面での自己管理もできてくるようになります。風邪をひいて苦しい思いをしても、親がおいしいものを優しく食べさせてくれるわけではありません。もちろん、寮ではおかゆや梅干しなどの病人食を用意しますが、それでも子どもたちにとってそれらは親御さんの気持ちのこもった手作りの食事には遠く及ばないでしょう。

寮には舎監という立場の先生がいます。舎監は文字通り寮の監督です。寮母もいて、学校から寮にもどると気持ちがリラックスするのか、子どもたちはいろいろと寮母に相談をしたりしています。寮母の先生から話を聞いて、「そんなことは知らなかった…」と担任の先生が驚いたりがっかりしたりということは日常的にいくらでもあるものです。

身の回りの整理も自分でやらなければなりません。そのあたりの責任感も出てきます。整理整頓は上手な子どもがいれば下手な子どももいますが、下手は下手なりによくしていこうという意識が芽生えるものです。そうしてやがてそこが自分の居場所になっていきます。寮に六年間いるうちに、家に帰るときのほうがよその家へ泊まるような感覚になってしまう子どももいるのではないでしょうか。なかには、うちへ帰ったら、自分の部屋だったところにおかあさんのものが並べられていた、物置になっていた、文字通り居場所がないということもあるようです。

年輩の方の中には、「同じ釜の飯を食った仲」などという言葉を口にする方もいるでしょう。「寮で一緒に暮らした友達とは自然に、より親密な関係を築くことができた」「一生の財産と思える友を得た」。寮の卒業生たちからは、そんな実感の表明が異口同音に無数に聞こえてきます。卒業生のなかには、結婚後も家族ぐるみで付き合っている子どもがたいへん多いようです。

ひどい仕打ち？　感謝される！

ところが、親御さんの中には、中学から寮に入れることに一種の罪悪感を覚える方もいらっしゃるようです。親元から離して寮に入れるなど、親としてむごいのではないかという思いにかられたり、あるいは子どもの教育を放棄していると祖父母から非難されるという話も聞こえてきたりします。

実際には、父親・母親の両方が働いている家庭、片親の家庭など、いろいろなケースがあります。特に近年は、女性がどんどん社会へ出ていっている時代で、若いうちは組織の中で下っ端で、家庭で子どもの面倒を見る時間もあったけれど、だんだん出世していくうちにそんな時間や気持ちの余裕もなくなってきて、というケースもあります。最近はいわゆる起業をする若い人たちも多いようで、特に小学生の寮生を見ているとそんな空気が感じられます。

親のほうは、子どもにかわいそうなことをするという思いにとらわれる、またはまわりにそう言われるので、なかなか踏み切れない。でも寮に入れてしまえば、出てくるころに本人は「寮の生活は自分の財産だ」と言います。集団生活のなかで、たくましくならざるを得ないのです。当たり前のように親が用意していたことやものがここにはないのですから、親のありがたみを知って、親への感謝の気持ちが芽生えるでしょう。

かわいそうな仕打ちどころか、逆に親の株を上げることにもなるでしょう。寮で生活した卒業生から「先生、僕は将来、とても自分の子どもを学校の寮に入れてやれる経済力を身に付けられるかどうか自信がありません」という言葉を聞いたことがあります。つまり、自分の親にはそれだけの経済力があったんだなという尊敬の気持ちや、また感謝の気持ちが実感として芽生えてくるようなのです。

高い実績を誇る「自前」の受験指導

私たちの学園には大学がありませんので、子どもたちのほとんどは大学受験に挑むことになります。インターナショナルコースの生徒たちは、ＡＯ入試などを受けて国際関係の大学や学部に進んでいきます。そこで、ここでは特進・進学コースでの受験指導への取り組みや体制をご紹介したいと思います。

高校では一時間目が七時三十分に始まります。これは全寮制の時代の名残で、通学生にはたいへんかもしれませんが、でもみんな頑張ってやってきます。そしてそこから、「授業は毎日七時間目まで」あります。これは創立以来、かつて「ゆとりの教育」などというものが実施されていたころも変わらずに今日にいたっています。

そして平日は、正規の七時間の授業のほかに「補習」を積極的に実施しています。高校三年生の場合は授業が少ないので、あいている時間は、国語の先生が現代文の補習をやるので希望者は集まるように、数学の何々の単元をなど、五教科について先生がきめ細かく補習にあたります。インターナショナルコースの生徒たちには、小論文の指導などを実施しています。

そして正規の「授業」と「補習」に加えて、夜は十九時から二十二時まで「自習」を義務づけています。

一般に受験生といえば、高校へ行き、授業が終わると塾や予備校へ移動してという生活ですが、ここは木更津の山の中ですから、予備校に通うということが現実的ではありません。受験説明会などでも、予備校に通えないのではないかという質問をいただきますが、だから私たちは予備校がやることを「自前」でやるのです。

まずは「授業」と「補習」と「自習」。そして「受験指導」も自前で、自分たちで行います。予備校は受験に関する専門的なノウハウや情報を集めています。毎年東大へ何人も送り込む高校がありますが、彼らを実際に東大に送り込んでいるのはその学校というよりも予備校であるケースが多いようです。私たちの高校では、そうした予備校の機能も自前です。もちろん、外部の先生にも来ていただいていますが、基本的には自前です。夏期講習などは別にしても、基本的には予備校などへ行かなくても希望の大学に生徒たちを入れる体制を実施して成果をあげています。高校と予備校に通う、いわゆるダブルスクールに比べれば、学費も割安といっていいでしょう。

なお、寮生にかぎっていえば、受験生を抱える親御さんの精神的な負担も学校が引き受けていることになります。なんといっても多感で、親とぶつかりやすい時期です。うっかり家庭で「勉強しろ」などといえば、とたんに衝突するでしょう。でも私たち教員が「勉強しろ」というのと親がいうのとは別です。同じ「勉強しろ」でも親からいわれると「うるさい」と反発しますが、先生にいわれるのはもうその通りで、なにしろ実際にやっているかやっていないか、その様子や結果を間近に見られているわけですから、受け入れざるを得ないわけです。

文武両道をめざすアストラインターナショナルコース

ここ十年のあいだに立ち上げた新たな試みをひとつご紹介しておきましょう。

私たちの学園の中学・高校では、インターナショナルコース、特進・進学コースに加えて二〇一〇年（平成二十二年）四月に「アストラインターナショナルコース」を新設しています。これは、勉学とスポーツの両立、つまり文武両道を高度なレベルで実現させる人間教育の試みです。

たとえば高校野球を見ていると、たまに都立の優秀な高校が甲子園に登場します。彼らは一週間

アストラインターナショナルコースのテーマは「文武両道」。部活にも勉強にも、とことん打ち込みます。スポーツ推薦を含め、進学希望者の100%が大学へ進学しています。

やはり語学を重視。外国人の先生も英語の授業にあたります。

	月	火	水	木	金	土
1	英語	数学	現国	数学	数学	英語
2	ESL	現社	科・人	科・人	英語	ESL
3	現国	英語	数学	ESL	現国	数学
4	LHR	数学	英語	古典	現社	古典
5	数学	美術	家庭	英語	ESL	総合
6	古典	ESL	数学	体育	体育	
7	保健	総合	総合	総合	総合	

アストラインターナショナルコースの時間割の例。ほかのコースと同じように、英語はほぼ毎日２時間あります。総合の時間からグラウンドへ出て行きます。

毎日、来る日も来る日も練習に明け暮れるわけではなく、週に何日かの時間を有効に使って選手としての技術を磨き、チームとしての力を上げて、受験においてもスポーツにおいてもたいへん優秀な実績をあげています。そうした高いレベルでの文武両道への志に裏打ちされた人物の育成をめざして、当初はサッカーに、そして三年前からは野球に取り組んでいます。

現在、アストラインターナショナルコースは中学・高校併せて百五十人ほどが在籍しています。プレーヤーとしてかなりの実績を持つ生徒もたくさんいます。野球とサッカーはクラスをわけず、一緒にしています。ものごとに対して積極的だなという印象を与える生徒が多いようです。

午後は、総合学習の時間を利用して、そこから練習に入ることができるようにしています。また、練習のあとはユニフォームの洗濯や片付けなどがあるため、自習開始の時間が特進・進学コースよりも一時間遅くなっています。

寮が育む「生きる力」

繰り返しになってしまいますが、寮での生活というものは、本人が気持ちの切り替えをしっかり行って、ここでの生活に慣れることができてしまえば、まったく問題ありません。親御さんも本人も、不安でしかたがないのは最初の一か月です。中学一年生で寮に入ってきて、うまく適応できない子どもはまずいないといってよいでしょう。寮では家と同じことはできないかもしれません。でも、それに代わる「友達」という最高のものを手に入れて、子どもたちは寮をあとにしていきます。寮で学ぶ人間とのかかわり方、距離のとり方、それもまさに「生きる力」ではないでしょうか。それを集団生活のなかで自然に身に付けていけるのが寮生活です。

かつて、男子生徒ばかり千人いたころは、中学生は十六人部屋でした。十六人といえば、下手をすると一クラス分です。しかも当時は冷房設備などありませんでしたから、さすがに子どもたちもストレスがたまったのでしょう。ケンカも絶えませんでした。

でも、いまはゆったりしています。子どもたちの気持ちもとても落ち着いています。

精神と知力をバランスよく備えた、美しい人になりなさい。

そんな思いが彼らの中に静かに溶け込んでいきますように。

人生の大切なことは全て暁星国際の寮で学びました。

西迫　尚（第十二期生）

寮生活の思い出と現在の仕事へのつながり

私が暁星国際学園に入学したのは一九八七年、年号が変わる直前の昭和六十二年でした。当時はまだ木更津には東京湾アクアラインも高速道路もなかった頃でした。布団や入浴具、文房具などの真新しい生活用品とともに入学入寮した日のことは、今でも鮮明に覚えております。当初は修学旅行気分でワクワクした晴れの日々として感じられた寮生活も、二年三年とすぎる頃には単調な褻《け》の時間となりました。しかしそこでの時間こそ、他の中学生活では経験できないような、幼いながらも煩瑣な人間関係を構築する貴重な社会経験を積む機会となったのです。

仕事においては、内外の優秀な人たちと様々な関わりを持たせていただき、常に良い刺激をいただいております。大学の教員として後進の指導にあたり、また講座の医局長及び診療科の責任者として種々のマネジメントに携わらせていただく立場となりました。自分の中学や大学受験の際には、正直かすりもしなかったような名だたる名門校出身の方々のキャリアデザインを担わせていただいており、ありがたいことと感じております。正直、大学卒業時にはそのような自分の姿を想像もしておりませんでした。今の仕事において自分に求められる能力は、各人の心理を感取し、全体を俯瞰した上で最良の選択を考え、調整を図ることです。そしてこれ

略歴：

平成５年　暁星国際高等学校卒業
平成６年　聖マリアンナ医科大学入学
平成12年　聖マリアンナ医科大学卒業
　　　　　茅ヶ崎徳洲会総合病院研修医
平成14年　昭和大学藤が丘病院整形外科
平成22年　聖マリアンナ医科大学総合診療内科
平成31年　医療法人社団平雄会　にしさこ　こどもクリニック院長

ドミニコ・ヨゼフ寮。

トマス寮。

を遂行する技術は、だれに教わったわけでもなく、ほとんどすべて中学高校の寮生活の中で鍛え上げられたものであると、今改めて実感しております。

寮生活を送る後輩たち、そして入寮を考えている皆様へ

我々の頃から現在まで変わらないことでありますが、中学・高校の対外的な評価は、大学受験に対するアウトカムのみで語られることが多いように思います。しかし、中学高校の多感な時期は、その後の長い人生を自らの脚で生きていくための強さを形作る重要な時期でもあるのです。受験で結果を出すことは重要なことであり、その結果は人生の大きなターニングポイントになります。

しかし、受験勉強で最も大切なことは、あくまでも結果を出すためにどうしたら良いかを自ら考え、それを実行する能力を育むことです。

またそれ以前に、受験勉強＝勉強ではないという当たり前のことはわかっていなければなりません。幸い暁星国際の先生がたは、薄っぺらい受験テクニックではなく学問の本質を教え込んでくださる先生ばかりでした。だからこそ後述しますが、無謀とも思える文系から医学部への転身、整形外科から内科への転身もスムーズに実現できたのだと大変感謝しております。そ

して学業を超えて、寮生活から得られるものが非常に大きく、一生の財産となること、それをいずれ実感していただければと思います。

在校中私立文系コースであった私は、高校卒業とともに進路を変え、医学部を目指し理系としての受験勉強をゼロからスタートしました。幸いにして翌年、入学することができましたが、文系に戻ることもできないという背水の陣であったために、非常に強いプレッシャーから精神的にかなり追い詰められた記憶があります。またその後も、卒業直前に母校を離れ、ハードな研修で知られる病院に突然就職を決めてしまったり、卒業後十年目にして整形外科から畑違いの内科に専門診療科を変えるなど、要所要所で前例のないような選択ばかりをしてまいりました。今思えば、そのような大胆な決断ができていたのも、寮生活の中で揉まれた経験をベースにした粘り強さが自分の中に育まれていたからでしょう。

東京湾アクアラインや高速道路ができた現在、矢那の周辺も様変わりしております。かつてフェリーで一時間以上かかった航路は、わずか十五分で渡り切ってしまいます。最近私は木更津を訪れた際、学校周辺を車で巡るのがひそかな楽しみになっております。六年間生活し続けた田舎の風景が、様変わりした中でもところどころに残されており、それらを見つけた際には二十年の時を超えてあの蒼き日々の感覚が詳らかに呼び覚まされます。そしてそのたびに自らの原点を見つめなおし、現在の生活を振り返ることができます。そのような体験は寮生活を経験したものにしか持てないものだと思います。十八歳で卒業してから気づけば二十四年の年月が流れており、こんな私も家庭を持ち、すでに学生よりも社会人になってからの時間の方が長くなりました。そして最近、同窓会が再開されたことをきっかけに、かつて一緒に生活をしてきた同級生たちと再会する機会を多くもてるようになりました。一般的な学園生活よりも数倍長い時間を共に過ごした多くの仲間との再会は、他では得られないものです。暁星国際学園への入学を考えていらっしゃる皆様、卒業後の長い人生の中で必ず役立つであろう寮生活を是非、選択肢として考えていただければと思います。

これからも頑張ってください！

寮生活～レジナ・ムンディ・セクンダの思い出

中澤英美里（第十七期生）

当時の寮生活

一九九五年四月、暁星国際学園高等学校及び中学校女子部が開校。私はその二期生としてキャンパス全体を広く見渡せる丘上の『レジナ・ムンディ寮』で寮生活をスタートいたしました。可愛らしい洋風な建物には四人部屋、二人部屋があり、中学一年生と高校一年生の二学年の寮生での共同生活はまるで大家族のようでした。

毎月のお誕生日会、各季節のイベント等を開催し、寮生活の思い出作りに奔走したことを覚えています。

学校としては、女子部ができたことも女子寮ができたことも初めてでしたので、きっと様々なことが手探りであっただろうと今になって想像するところです。

生徒一人一人は全国様々なところから集まり、当然のことながらそれまで全く違う環境で過ごしてきたわけですので、実の家族と離れて一つ屋根の下で生活するということはとても刺激的なことであったと思います。私たち寮生は、それぞれが過ごしやすいようなルール作りや規則などを自分たちで考え実行して参りました。電話の時間、お風呂の時間、食事のときの座る位置や配膳等々協力し合って毎日を有意義に、そしてしっかりと学業に取り組めるよう規則正しい生活を心がけていたと思います。初めの一年は特に思い出深く、中学一年生と高校一年生だけの生活は、本当の姉妹のように、また先輩と後輩としての礼節もしっかりと持ちながらお互いを尊重しながら生活していました。互いに様々な山を共に超えて女子寮の伝統の土台を築いてきた仲間として、離れることが寂しくて退寮の時は目を腫らすほど泣いたことを覚えています。

人間関係においては、時にはケンカがあったりいじめがあったりもしました。今の時代と変わらない現象ですが、寮生活では、そのことについて自分たちで深く考え沢山話し合いましたし、みんなで解決しようと努力をいたしました。結果的に解決したことも、保護者が出てきたことも沢山ありましたが、全てが人間の成長段階では必要な経験であると私は思っています。むしろこの時期に経験するべき体験であると思います。こうした経験が協調性や忍耐力（順応性や柔軟性）につながるのではないかと思います。

当時の寮長・安倍兆子先生と島野さんという舎監のご婦人のお二人が私たちの親代わりであ

りました。生活指導も含め愛情たっぷりに接して下さいました。このお二方の存在には感謝してもしきれません。心から叱っていただき心から褒めていただき、話をたくさん聞いていただき、本当にお世話になりました。私は寮の生徒側の初代寮長を仰せつかっていたこともあり、兆子先生、島野さんのもとで人をまとめる方法や、愛情のかけ方等様々なことを学ばせていただきました。

略歴：
前・墨田区議会議員（２期８年）
墨田幼稚園園長

学園全体を見下ろすように小高い丘の上に建つ女子寮「レジナ・ムンディ」。プリマとセクンダの2棟があります。

寮生活で育める要素

寮生活は身の回りのことは全て自分でやることは当然のことながら、身の回りの諸課題に対して解決する方法を学べる場でもあります。例えば、人間関係の問題であれば、誰に相談したら良いのか自分で考えて自分で行動する等、社会人として必要な社会性をいち早く学べる場であると思います。また、集団の中での自分の立ち位置や役割を瞬時に見極められる能力も身につくと思います。これらは、社会人のみならずどの場でも人間力として必要な要素であると私は思います。

余談にはなりますが、私は暁星国際学園の寮生活をする前に、留学先のイギリスで三年半の寮生活の経験があります。日本の寮生活と海外のとでは異なる部分もあるかと思いますが、共通しているところは、やはり協調性や共生する覚悟であると思います。イギリスでの「寄宿舎」生活(イギリスでは寄宿舎—Border と言うので、あえて寄宿舎と使います)は様々な国籍を有する友人と同じ部屋でした。言語は英語が共通話であり、文化、宗教、匂い、食等々私にとって全てが初めて知る経験でしたし、好奇心がかき立てられたことを覚えています。世界には本当に様々な文化や伝統、生活様式、生活習慣があるのだなと身を持って体験、経験をさせていただきました。
暁星国際高等学校の寮生活も同じように、全国津々浦々から集まった生徒達との共同生活ですので、たくさんのご当地を知ることができました。
このような経験は現在就いている職業に大変役立っております。異文化理解や、多様性を教授する力など、もしかしたら私の職業以外の分野にとっても、大切なことかもしれません。

寮生活の良き思い出

何かを共に試行錯誤をして創り上げること、喜怒哀楽を互いに認め合い支え合うこと、先生がたや両親へ感謝する気持ち等、私にとって暁星国際高等学校の寮生活の経験は、人生の喜びや感動を味わえる力を養ってくれたそんな場所であり、時代でした。

生きる力を育む場所……暁星国際学園です。

国際社会の中で、これからのさらなる日本の発展を担っていくのも我々です。社会に寄与できる人間でありたいと思われる方、暁星国際学園へ是非！

暁星国際高校からつながる世界

田　然（第二十三期生）

とことん考える力を培う

私は二〇〇一年の十月に暁星国際高校に入って、二〇〇三年の三月に卒業した。この一年半の短い時間を大学の受験勉強に費やしたわけだが、今振り返ってみると非常に特異な教育になっていた、と改めて思う。

当時の暁星国際高校は中国から留学生を受け入れる事業が安定期に入り、中国ではまだ海外留学が珍しい時代、優秀な学生が毎年二〜四人入ってきていた時期である。日本語がまったく通じない状態で入ってきて、中国人グループだけの日本語授業を受けながら、個人一人ひとりで受験勉強をする、というカリキュラムである。通常の授業や宿題をスルーしていて、同級生の日本人との交流も少なかった。朝に通常の授業がある時は、私は教室の後ろに座り、窓外の山奥に溜まった霧を眺めながら、英語と日本語の小説を読んでいたのである。星新一をたくさん読んだ。

私にとっては、とても自由で気持ちのいい学習環境だった。自分のペースで好きなだけ勉強できたし、大手塾のサテライト授業やZ会や夏・冬休み中の塾通いなど、資源も豊富であった。受験のための勉強とは言え、自分には落ち着いて学問の研鑽ができた時期である。この時に培った、集中して数学をとことんまで考え抜く力は、自分の人生のずっと後までつながる。

日本での楽しい経験

異国の暮らしに新鮮な驚きがたくさんあった。最初に驚いたのは寮の風呂場である。泳げるほどの大きい湯船はさすが日本だと感じた。中間休暇の時にディズニーランドやお台場に行ったし、東京で塾通いのためにホームステイもした。夏休みの時はふぐの料理店を経営する大将の好意で、店の三階にある和室に泊まった時期がある。ふぐ料理のおすそわけを食べた。

そして初めて銭湯に行った。寮の風呂場と同じようなところだと思って、ソープやタオルを持たずに行ったら、番台の人が驚いてセット一式をくれた。冬休みにはおもちゃの製造会社を経営する佐藤さんの家に泊まって、床暖房の心地よさに感服したのである。そして元日におせち料理を食べた。春体みに青春18きっぷで京都まで行ったこともある。当時はそれほど感じなくても、今は思い出すとドキドキ感が蘇る、楽しい経験ばかりである。

肉まん片手に人生を語る

完全寄宿制で生存が保証されている暮らしはたくさんの時間を生み出す。そして学校の閉じた環境と中国人同士という狭い交流は人間関係を濃密にする。私は一年飛び級をして、同世代の中国人受験仲間は四人いた。五人それぞれで性格が違うのである。マリア像のある夜の校庭で、頭上を飛び交った赤い星は人工衛星か飛行機か惑星かについて険悪に言い争ったのである。受験でつのったプレッシャーで真夜中の学校を忍び出して矢那川を渡ったところのコンビニ・スリーエフで肉まんを買ってきて人生を語ったのである。

私はある人に自分の無頓着さをとことんまで言われて最後に泣いたのである。あれから自分は周りの人間の気持ちに気を配るようになると誓った。あれから私は中国にいる好きな女の子に長い手紙を書き始めた。私の世代のこの五人は全員東京大学に合格し、暁星国際の歴史の中でも優れた実績を残した世代だと思う。

クラスメイトの優しさ

日本人学生との交流は少なかったけれど、私が飛び級をしたあと、もとのクラスメイトのX君（名前はもう覚えていない、ごめん！）とたまたま会って、「勉強はどう？」と聞かれた。私は「難しい」と答えた。その時たまたま声がかすった。本当にたまたま声がかすっただけである。しかしあの一瞬で、私達の間で感情のやりとりが確かに行われた。あれからX君が私を見るたびに「勉強はどう？」と聞いてくる。あの単純な優しさに私はずっと癒やされている。

私を世界につないでくれた暁星国際

暁星国際高校での生活を経て、私はマイペースでリスクを恐れない私になった。どんなに未知な世界でも、後先考えずに飛び込んで行ける能力を手にした。世界は途方もなく大きい。私が来た二〇〇一年といえば、ちょうど世界が大きく変わり始めた年である。アメリカで九・一一世界同時多発テロが起こり、中国がＷＴＯに加入し、日本でＩＴバブルが崩壊した。どれもあとで大きな変革の兆しになったこれらの事件を、当時高校生の私に理解するすべもない。しかしこの大きな世界に私をつないでくれたのは暁星国際高校である。それを可能にした田川先生に感謝したい。

略歴：

2001年〜　暁星国際高等学校
2003年〜　東京大学・大学院　博士（数理科学）
2012年〜　国立情報学研究所特任研究員
2014年〜　東北大学研究特任助教
2018年〜　産業技術総合研究所研究員
　　　　　Google New York客員研究員（ニューヨーク在住）

第四章　広がりと深まり

ここから、アジアのどこへでも

例年春になると、学校のまわりや敷地の桜がいっせいに競うように花を咲かせます。四十数年前、この木更津の山の中に学校をつくったとき、私はここを桜の学園にしようと、たくさんの桜の木を植えました。桜のほかに栗や柿、それに蜜柑などの果物の木を五十本ずつ植えましたが、手入れをしたり肥料を与えたりしなかったために現在は野生化してしまっています。

ここがあたたかさや憩いを感じられる場所となるように願いました。

学園の敷地の近くに一件の空き家があり、あたりには池や千五百坪の畑が広がっています。先日、ある北京の方がその一帯を購入し、家を新たに建てています。ご家族が日本にいて、家ができたら家族で住むのだと聞きました。

ここは木更津の山の中です。少々不便ではありませんかと訊ねると、「羽田へはクルマで三十分で行けるし、そこから上海でも北京でもアジアのどこへでも行けます。クルマがあれば不自由はありませんよ」ときっぱり答えられました。北京はもう空気も水も汚れていて住むのに難渋するが、それに比べればここは花園や緑が広がる地上の楽園ではないかと言います。

日本人とは発想が違うなと私は思いました。

桜が咲く季節、またたくさんの子どもたちと出会います。

日本人はとかくかたまって住みたがります。ところが中国の人々は早くから世界へ散り散りに出ていき、どこにでも仕事や生活の場を求めました。現在は日本人も世界に散らばっていますが、中国人ははるかに早くから国際人でした。

言葉の三つや四つは

桜が咲くと入学式です。毎年たくさんの子どもたちと新たに出会います。もうずいぶん以前から、私たちの学園には日本人の子どもたちに交じって外国人の子どもたちの姿があります。一番多いのは中国人でしょうか。インド、アメリカ、ミャンマーと、世界中の子どもたちがいます。

子どもたちばかりではなく、先生がたも十ヵ国ぐらいからやってきています。ここ木更津の小・中・高校だけでも、外国人の先生は三十人ぐらいいるでしょう。

日本人もこれからますます一人で世界へ出ていき、こうした世界じゅうの国々の人々と仕事をする時代です。また、てのひらに乗るスマートフォンを使って、テレビ電話で日常的に世界じゅうとコミュニケーションをとる時代です。

であるなら、言葉の三つや四つなど当たり前のように身に付けているべきではないでしょうか。

スクールバスの拡張

私たちの木更津の小学校、暁星国際小学校の子どもたちのほとんどは、学園のスクールバスで通っています。木更津の駅からバスに乗る子どものほか、東京湾アクアラインをわたってやってくる子どもも少なくありません。

小学校を開校してしばらくのあいだは、東京湾アクアラインの向こう側の発着は川崎だけにとどめていました。

ところが、専門学校や各種学校などではない、いわゆる一条校で英語がしっかり学べる学校というのは、私たちの小学校も含めてそうそういくつもありません。そのため、私たちの小学校に興味をもってくださっているご家庭が横浜や東京方面にもかなり多いというお話を以前から聞いていました。そこで、そのご要望に応えて、思い切って二〇一〇年には横浜、二〇一二年には品川にもスクールバスを出すことにしました。

現在、バスで通っている子どもの構成を見ると、全児童約三百三十人のうち、三分の一は東京湾アクアラインをわたって通ってきています。バスに乗っている時間は平均して一時間。時間の使い方が上手な子どもは眠っていたり本を読んだりしています。バスの中でどう過ごすか、時間の使い方には制限を設けていませんが、ブレーキの際に危険ですので、書くことだけは禁止しています。

十年前は児童の数は三百人をすこし切っていましたが、二〇一〇年に三百人を超えました。この少子化の時代ですが、バスの路線を増やしたことが功を奏したようです。

現在、私たちの小学校に興味をもってくださる親御さんの数はますます増えていると聞いています。その理由の一つは、やはり本校の語学教育に注目していただいていることではないでしょうか。英語教育に力を入れている私立学校はここ二、三年のあいだにかなり増えていますが、本校の創立当初以来の「語学教育への力の入れ方」は、現在においても他に類をみないものだと思います。

名前に違わず国際的な教室

学園の正門を入っていって管理棟の脇を上がり、野球場のまわりをぐるりと半周するように向こう側へ歩いていくと、二階建てのこざっぱりした建物が建っています。そこが暁星国際小学校で、二階にはレギュラーコースの一年生から六年生、一階にはインターナショナルコースの一年生から六年生の教室が入っています。

「レギュラーコース」は通常の小学校としての授業を行い、「インターナショナルコース」は帰国子女のほか、すでに英語の素養のある子どもたちを対象として、基本的に授業を英語で行うコース

2階にはレギュラーコース、1階にはインターナショナルコースの教室が並んでいます。

校舎の向こう側にまわったところにある広場が、バスの昇降場です。

です。

暁星国際小学校という校名に違わず、小学校の教室をのぞくと国際色豊かです。全体の九割五分は日本人の子どもたちですが、レギュラーコースのほうでも中国や台湾の子どもが増えてきていますし、親御さんの片方が英語圏という子どももいます。インターナショナルコースのほうは、以前からアメリ人やカナダ人とのハーフの子どもがたくさんいました。今年の一年生を見ると、一割か二割はハーフないしはご両親ともに英語圏という子どもたちです。最近はインドのご家庭の子どもが増えています。インドの親御さんはたいへん教育熱心で、学校説明会でもそうした熱心さを感じさせるするどい質問が私たちを緊張させます。

レギュラーといっても「通常」とは大違い

さきほどレギュラーコースについて、「通常の小学校としての授業」と言いましたが、時間割をちょっと見るだけで、一般の小学校とはかなり様子が違うことがおわかりいただけると思います。

たとえば「英語」です。

私たちの小学校では一年生のときから毎日一時間、つまり週に六時間の授業を行っています。まもなく、この二〇二〇年度から、一般の小学校でも英語が必修となり、小学校三年生、四年生では

		1年生	2年生	3年生	4年生	5年生	6年生
国　語	Japanese	9	9	7	7	5	5
社　会	Social studies	—	—	2	3	3	3
算　数	Math	6	6	6	6	6.5	6.5
（情　報）	PC	—	—	0.5	0.5	0.5	0.5
理　科	Science	—	—	3	3	3	3
生　活	LES	3	3	—	—	—	—
音　楽	Music	2	2	2	1.5	1.5	1.5
図　工	Art	2	2	2	1.5	1.5	1.5
家庭科	Home ecnomics	—	—	—	—	1.5	1.5
体　育	P.E	3	3	2.5	2.5	2.5	2.5
道徳（宗教）	Religion	1	1	1	1	1	1
クラブ・委員会	Club/Committee	—	—	—	0.5	1	1
学　活	H.R	1	1	1	0.5	—	—
英　語	English	6	6	6	6	6	6
フランス語	French	3	3	3	3	3	3
行　事	Event	—	—				
総授業時数	Total numbers of lessons for a week	36	36	36	36	36	36

暁星国際小学校の授業数（1週間）

週に一～二時間の英語の授業が組み込まれますが、私たちの小学校では一年生から、その何倍かの時間をかけて、毎日英語を学びます。

小学校ですから、多くの教科を一人の担任の先生が教えますが、英語については英語科の外国人の先生が授業を担当しています。外国人ではあっても日本語ができる先生が多く、一年生のうちはほんの少し日本語を交えることもありますが、二年生以降になると、基本的にはほとんど日本語を使わずに授業が進められます。高学年になると、英語でエッセイを書いたり、インターネットを使った調べ学習なども行います。

授業を英語で行うインターナショナルコース

インターナショナルコースは、その名のとおり、外国人の先生によってクラスが運営されていて、日本語で授業を行う国語や音楽のほかは、ほとんどの授業を基本的に英語で行っています。先生がたは日本語を理解できる先生がほとんどですが、子どもたちは休み時間なども先生には英語で話しかけています。以前は多少は日本語を使ってもよいことになっていたのですが、現在は英語に特化し、原則として日本語は使ってはいけないことになっています。

インターナショナルコースに入ってくるのは、まず親の仕事の関係などで外国で暮らしていたりした、母語が英語である子どもです。日本人の顔をしていますが、日常会話も思考も英語という子どもたちです。このほかに、日本で生活をしていて、日本語が母語であって、幼稚園や保育園に通いながらプレスクールや英語教室でトレーニングを積んで、インターナショナルコースを受験してくる家庭の子どもです。近年、未就学時向けのプレスクールがたいへん増えていて、木更津の駅前にも五軒ほどあるようです。このあとの章でお話しする暁星国際学園新浦安幼稚園や暁星国際流山幼稚園を卒園して入ってくる子どももいます。彼らは相当の英語力を身に付けて入ってきますし、同じ教育理念の下に育っているので、なじむのが早いです。

レギュラーコース5年生の英語の授業。

インターナショナルコース1年生の英語の授業。

教材は、外国の小学校で使われているテキストをそのまま使い、基本的に現地校の子どもたちと同じレベルに引き上げることを目的に授業を行っています。ただし、算数や理科などはそのままでよいのですが、社会などは日本の歴史や地理、政治や法律なども教えられるように、一部、日本の教科書を英語に直して、さらに手を加えたオリジナルの教材を使って授業を展開しています。

独自の教え方で

まもなく一般の小学校でも英語の授業が始まりますが、その内容や展開については、学校の先生がたをはじめ多くの教育関係者のみなさんがあちこちにアンテナを張り、模索をしているのではないかと思います。一日の長をひけらかすわけではありませんが、私たちの小学校で実践しているユニークな発音の身に付け方をご紹介してみましょう。

たとえばPの発音です。一般の日本の学校では、先生が「先生の口をよく見て、同じように発音してみましょう。いいですか。プ！」と言って、口の様子を真似るようにと教えるところが多いでしょう。

いっぽう、私たちの学校ではジェスチャーを交えます。Pであれば、人差し指を口の前に立てて、「これをロウソクだと思って、燃えている火を消すようにしてみましょう。はい」「プッ」というふうに体験させれば、自然にかつ確実にPの発音を覚えます。Nであれば、両手を広げて飛行機が飛ぶジェスチャーをしながら「ンンンンン！」と促せば、子どもの口が自然にNになるでしょう。

もちろん、こんなやり方は文部科学省の学習指導要領には書かれていません。でも、そうやって体験を通して発音をからだで覚えていくようにすると、子どもたちは早くからかなり良い発音を身に付けます。

耳も鍛えられるので、なかには「先生は発音が悪いよー！」と、日本人の先生が反対に指導されることもあるようです。英語の授業はネイティブの先生が担当しますが、日本人の担任の先生もかたわらで見ていて、必要があれば補助をするのです。

英語の先生はレギュラーコースでは日本語でも話しかけますが、基本は英語で、できるだけ英語でやりとりをするようにしています。

使っている教材は、学習指導要領よりも二～三学年上のものを使っています。公立であれば三～四年生が習う内容を、私たちの小学校では一年生のときからどんどん体験させています。

入ってくる子どもたちの英語力

レギュラーコースであっても、一年生の段階ですでに英語なれしていて、簡単な単語が読める子どもが、だいたい六割ぐらいいます。さきほどお話ししたように、暁星国際学園新浦安幼稚園や暁星国際流山幼稚園の卒園児もやってきていて、彼らは小学校に入ったときにはかなりよい発音を身に付けています。このほか、プレスクールや未就学児向けの英語教室を体験している子どもも多く、保護者の英語教育への関心の強さをうかがうことができます。

インターナショナルコースのほうは、英語のレベルが格段に上がりつつあります。インターナショナルコースは、ここ十年ぐらいのあいだに入学試験の倍率が一気に上がり、入学試験のレベル、そして入ってくる子どもたちのレベルが上がりました。未就学時にプレスクールなどですでに英語に接している子どもたちが増えているのでしょう。たとえ両親のどちらかが英語圏の人であっても、それだけで英語が堪能になるとはかぎらず、英語教育が威力を発揮しているのだと思います。

地元の木更津界隈でも未就学時を対象とした塾やプレスクールが増えていて、十年前は一つか二つぐらいしかなかったのに、いまは五つぐらいあるようです。人口十三万の街に五つもあるのです。そうしたプレスクールのなかには、私たちの小学校への入学を希望するご家庭のためのコースやプログラムを実施しているところもあります。

暁星国際小学校も、受験の世界での存在感を大いに増しています。

レベルアップする子どもたちの英語力

先日、小学校の先生に話を聞く機会がありました。

その先生によれば、子どもに英語を、外国語をと考える親御さんが十年ぐらい前に比べるとかなり多くなっているのを肌で感じるのだそうです。そもそも私たちの小学校に入ってくるご家庭のお子さんは、家庭で「セサミストリート」をみたりしていて、英語というものに対して壁がありません。また、最近では日本にも海外からの観光客が増えていて、国全体で観光客を迎えようとしている様子がニュースでも流れていて、「ああ、自分たちの国はいろいろな国から人がくるところなんだな」とわかっていて、英語というものが必要なんだということを意識下にわかっているようだとのことでした。

また、その先生は十年前に一度一年生を担任して、その後はずっと高学年を受け持って、今年ひさしぶりに一年生の担任をしているということですが、十年前の一年生と比べると、いまの一年生のほうが、教室を飛び交っている英語の量が多いことを実感するのだそうです。英語がいまひとつ及ばない子どもは、自分も追いつかなくてはいけないという気持ちを強く持って、フラッシュカードを一生懸命に覚える努力をしたりしている。だから全体としてもレベルが上がっているということでした。

そして、レギュラーコースのほうの子どもたちには、英語で自分の意見を述べるという部分の強化を図っていきたいとのことでした。インターナショナルコースの子どもたちのほうは、そもそも自己主張を積極的に行う英語圏での経験があるため、当たり前のように自己主張ができるものです。その点、レギュラーコースの子どもたちは、日本語では自己主張ができても、英語でとなると自分の英語の能力になかなか自信が持てないために、自分の考えを伝えることに気後れしがちです。でも子どもたちは、自分の意志や気持ちを伝えないと先生は満足してくれない、自分のほうを向いてくれないことを知っているので、だから伝えることに必死なのだということでした。これからの成長に大いに期待したいと思います。

英語に加えてフランス語を

さて、私たちの小学校の語学教育をめぐる特徴のもう一つは、一年生からフランス語の授業を実施していることです。フランス語を一年生のときから週三時間学びます。公立の小学校で、もうす

レギュラーコース1年生のフランス語の授業。ジェスチャーを交えた、楽しい授業です。

ぐ英語の授業が始まるといういま、第二外国語としてフランス語を必修としている小学校というのは、私たちの学校をおいて他にはないのではないでしょうか。

小学校一年生に第二外国語なんて無理ではないのかというのはまったく無用な懸念で、むしろ子どもたちは自然にすいすいと覚えていきます。休み時間などに出会った低学年の子どもに

「Comment allez-vous?」

と話しかけると、子どもたちはしっかりフランス語で挨拶を返してくれます。

「What's your name?」

とたずねると、きちんと英語で名前を教えてくれます。

私は本当は、第三、第四の外国語の時間を設けたいとつねづね思っていますが、これ以上はいろいろと混乱も出てくるのでという現場の先生がたの意見に従っています。

小学生に英語とフランス語を教えて、両方がごちゃごちゃになったりしないのでしょうかという質問を受けますが、むしろ逆で、フランス語と英語は発音なども似ているところがあるので、フランス語を習うことで英語も覚えやすくなるという部分はたくさんあるものです。

フランス語も英語と同じように、正しい発音を身に付けることを大切に考えています。本校でももう二十年ぐらい教壇に立ってくださっているフランス語の先生は、ジェスチャーやリズムをうまく

交えて、とても上手にフランス語を子どもたちに教えてくれています。

一年生も六年生も七時間授業

英語やフランス語の時間をこれだけ組み込んでいると、他の教科の授業の時間数を減らして全体の時間数を調整しているように思われるかもしれません。しかし、そんなことはありません。削るどころか、算数などは、一年生では週四時間が標準のところを六時間と厚くしているくらいです。

私たちの小学校では、一年生も六年生と同じように、月曜日から金曜日までは毎日六時間、水曜日は七時間、土曜日は五時間の授業を行っています。以前は、一年生と二年生については水曜日は六時間で終えていました。しかし、さきほどお話ししたように、横浜や品川まで長距離のスクールバスで帰る子どもたちがいて、彼らは高学年が七時間目を終えるまで、二年生の教室で待機していることになっていました。私はあるときそれに気づき、待っているなら授業をやろうと思い、水曜日も七時間目まで一、二年を残すことにしたのです。待ち時間を自由時間にしておくこともできたのですが、やはり授業は大切です。小学校ですから運動会だ、文化祭だと行事もたいへん多いのですが、できるだけそれらにもっていかれることなく時間を確保して授業を行っていくことを大切に考えています。

最近では親御さんのほうからもそのような要望が多く、特に中国やイスラム人の親御さんから「授業料をきちんと払っているのだから、行事などで授業をつぶさないでください」「もっと勉強をやらせてください！」という熱を帯びた声が聞こえてきます。

週に一度の七時間授業。低学年にはきついかなとすこし心配もしましたが、試しにやってみると大丈夫そうです。子どもたちは七時間目が終わっても元気で、活き活きとした表情でバスに乗り込んでいきます。

語学教育のほかにもさまざまな魅力ある学校に

小学校の先生にかぎったことではありませんが、いま世の中では、先生になりたいという学生さんが非常に少なくなってしまいました。使命感に燃えて熱を帯びた教員志望の学生さんというのが以前に比べて少なくなってしまったのは、残念なことです。一般に、いまは「教員」も学校から厳しく管理され、教育という部分以外でのいろいろな雑用に追われる職業になってしまいました。

現場では「足並みを揃える」という、いわば空気を読むことが求められたり、それ以上にそうせざるを得ない状況になったりするという話も聞きます。たとえば一学年に先生が何人かいて、ひとりの先生が頑張って夜遅くまで教材研究や新しい試みの検討に没頭したりすると、ほかの先生がた

1日７時間の授業を受けて、でもバテる様子もなく、子どもたちは元気に帰っていきます。明日もまた元気な顔を見せてくれますように。

や上の先生から「みんながあなたと同じようにやれるわけではないから、そういうことはやめてください」といわれてしまいます。確かに、教員志望への熱い気持ちも、そんな話を聞いたりしたら冷めてしまうことでしょう。

そんな学生さんには、ぜひ本校の門をたたいてもらいたいものです。

私は「先生がたには自分のやりたいことをやってもらいたい」と考えています。教師としてやってみたいことがあれば、どんどんやってもらいます。

たとえば私たちの小学校には、大学院まで進んで生態学の研究に取り組んだ先生がいます。彼は一年生であれ六年生であれ、レギュラーコースで担任となったクラスの子どもたちと、この学園の自然環境を存分に使った授業を立案して実践しています。小学校のすぐ脇の林へ行ってトラップ(罠)をしかけ、翌日回収して、林にはどんな生物がすんでいるのかを観察します。生物相を調べるというのでしょうか。シデムシやマイマイカブリなどの地表徘徊性の昆虫が観察できるそうです。また、ここ房総半島にはたくさんの種類の蝶がいるので、アゲハ類を捕まえたり、その幼虫をタマゴの段階から飼育して、成虫になったら放してやるといったことを理科の授業で行っています。

このほか、金融が専門の先生や、憲法にくわしい先生などが、それぞれ独自の授業を展開しています。もちろん、先生がたには授業のプランを事前に学校に提出してもらいますし、学習指導要領

学園の環境をいかした理科の授業。林にしかけたトラップを回収して、林にすむ生物を観察します。

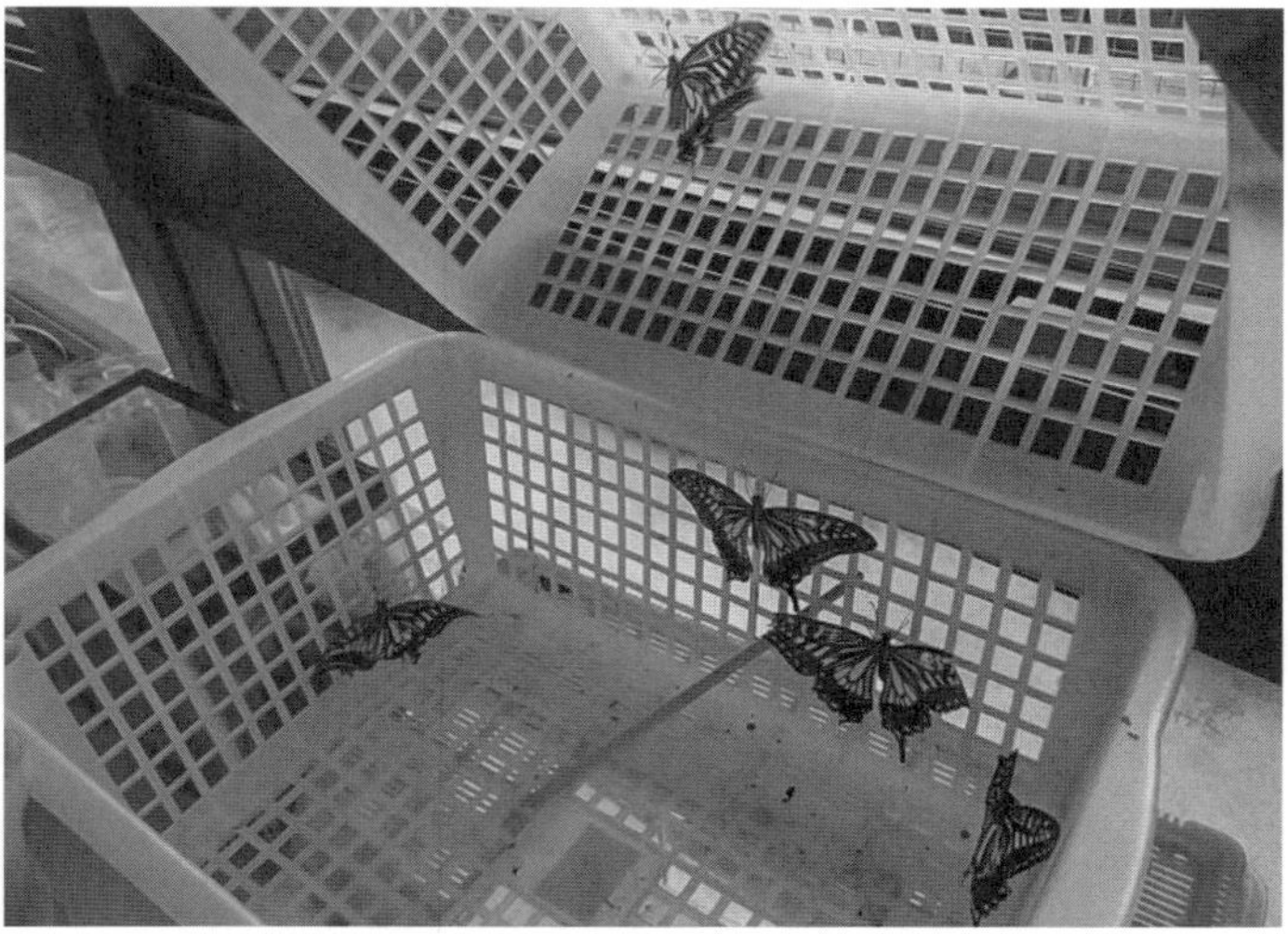

ナミアゲハの幼虫を飼育。やがて成虫になったら、放してやります。先生がたの創意や工夫が、子どもたちの可能性に火を着けます。

にのっとって消化しなければいけない内容がありますから、それをクリアしたうえで、あとは先生がたのアイディアや裁量に任せています。

先生がたには、暁星国際小学校を語学教育のほかにもいろいろな魅力をもった学校にしていこうという気持ちがみなぎっています。それは、教師に横並びを求め、一律の管理下に置こうとする学校では絶対に芽生えない志ではないでしょうか。

さきほどの生態学が専門の先生は、こうした理科の授業をもう十年以上も続けています。その先生は、トンボの話も聞かせてくれました。小学生にとってトンボはチョウよりも飼育が難しいので採収にとどめているそうです。やってくるトンボの種類は、時間帯によっても、また時期によっても違っていて、トンボを見かけると、観察しながら、その種類や、遠くからわたってきたのか、そのへんの田んぼから来たのかをみんなで考えたりするそうです。まさしく自然の中の教室です。シオカラトンボは飛翔能力が高いので遠くからここまで飛んできているとか、けっこう専門的な話になることもあって、そうした時間のなかで育った昆虫マニアもいます。あるいは、理科が好きになって成績を伸ばした子どもも出てきています。外部の中学入試に挑戦して、御三家といわれるようなトップクラスの中学に入った子どもたちのなかには、こうして楽しみながら理科を伸ばしていった子どもがいます。大学は理系に進みたい、将来は研究者になりたいという声も聞こえてきているようです。

「都会に住んでいると、日々子どもたちが目にしているのはビルばかりです。せっかくこんな山のなかにいるのだから、この環境をいかして子どもたちに伝えられることは何かと考える。それが出発点なんです」。その先生は窓の外に目をやりながら、そう話してくれました。

本校の「目指す児童像」

私たちの小学校の学校案内のなかの「目指す児童像」という欄には、次のように書かれています。

・思いやりがあり、助け合うことのできる児童
・礼儀正しく、節度ある児童
・自主性と行動力のある児童
・自ら困難に立ち向かうたくましい児童

これらは小学校での教育方針の表明であることはもちろんですが、いっぽうで「これからは、こうでなくては生きていけないのではないでしょうか」という学校から家庭へのメッセージと捉えていただきたいと思います。

たとえば、ここは小学校ですので、中学受験に強く関心を寄せている子どもや親が少なくありま

せん。でも、中学受験にばかり意識がいっている子どもと接していると、この子には何かが欠けてしまっているのではないかと不安に感じることがあります。

頭のなかが受験のことや勉強のことでいっぱいになると、学校の行事や委員会活動に率先して意欲的に取り組むということをしなくなります。意欲的に取り組めば、その後の成長につながるものが得られるものです。成長がめざましい小学生の時期に意欲的な姿勢を見せない子どもがいると、この子はこのあと、人としていったいどう成長していくのかと心配な気持ちになるものです。自主性がないというのは、つまり勉強も言われるままにやっているだけなので、習っていることが本当の知識として体に入っていきません。難しい問題にぶつかっても、意欲がないため、解けないまま放っておくし、そもそも成績を上げることしか念頭にないので、間違えると「ああ間違っちゃった」とつまずいて、その先のアクションがありません。

反対に、学校行事や委員会活動にかぎらずいろいろなことに意欲的に、積極的に、精力的に取り組む子どもは人間としての姿勢自体が前向きなので、勉強に対しても自分から進んで取り組んでいけるものです。解けない問題にぶつかっても、しっかり考えて、解けるまで向き合います。

いま世の中では、少年が起こす不幸な事件や悲惨なできごとのニュースが人々を驚かせることがあります。こうした事件は、まさしく私たちが「目指す児童像」のなかで「子どもたちに備わってほしい」と強く願っているものが欠けているために起こっているのではないでしょうか。

子どもたちのインターネットとの接触にも要注意です。思いやりや助け合いの気持ちというのは、人が人の表情を介して伝え合うものですが、いまはスマートフォンやパソコンを通して、しかもお互いに文章や文字だけから相手の表情を読み取ろうとするので、コミュニケーションが上手ではなくなり、たとえば、何かちょっとしたことをメールで書き込んだために翌日にはのけものにされたりします。

思いは自然に広がる

現在は人と人とのコミュニケーションをメールが支配しているようなところがあるので、自分は「思いやり」「助け合い」という言葉をいろいろなところで子どもたちに向けて口にするようにしているという先生がいます。露骨に「ほら、助けろ」とは言いませんが、子どもがだれかを助けてくれたときには、その助けてくれた子に対して「どうもありがとう」と感謝の気持ちを表すようにしているそうです。誰かが誰かを助けてあげたのを見たら、「いいことをしてくれたね」とほめてやります。「この学校の先生たちは、正しいことをしたときや、人のためになることをしたときには、きちんとほめてくれるんだな」、子どもが、やがてそんな意識をもつようになってくれれば、とその先生は言っていました。

その先生は、こう続けました。「子どもがいいことをしたときに、校長が「ああ、いいことをしてくれたねー」とほめてやるのを見て、それにとても共感したので、自分も同じように機会をみつけては波状攻撃的に子どもをほめてやるようにしています。校長にかぎらず、ほかの先生がよいことをしたなと思ったら、同じように自分もやってみるようにしています」。

学校でも会社でも、意識の共有というものは上意下達のような「管理」の成果として形成されるものかもしれません。しかし、私たちの学校では現場の先生がたのあいだに私の思いが自然に広がっていっているのを感じる瞬間があります。私は日頃から、どうするのがよくてどうしてはいけないという具体的な話をあまりせず、どちらかというと大局的なものの言い方しかしないのですが、私の思いが現場の先生がたにも自然に広がっていって、それぞれの現場でその思いが具体的な行動を通して子どもたちに向けられています。管理や命令や決まりによるのではなく自然に「きょうは何を食べたの」「きょうは寒かったね」と優しい言葉がけが学校のあちこちで子どもたちになされていく。それも四十年を超える学園の一つの成果かもしれません。

しゃべる文化と、書く文化

小学校のインターナショナルコースから中学へ内部進学した子どもたちのあいだには、仲間というよりも同胞意識のような気持ちの結びつきが見られます。よく海外では集団のことをファミリーといったりしますが、まさしく自分たちは一つの家族なんだという結束の強さが存在するようです。

小学校のインターナショナルコースから内部の中学・高校のインターナショナルコースへ進学するのは多いときで八割程度ですが、どうして彼らがそのような強い連帯意識で結ばれるのかを考えてみました。

たとえば、英語圏の人はしゃべる文化、日本人は書く文化を身にまとっているといえるのではないでしょうか。さきほども少し触れたように、小学校のインターナショナルコースの一年生たちを見ていると、自分の主張をしなければという意識を彼らが持っていることを感じさせられます。英語圏のネイティブの先生がたも子どもたちに対しては「あなたがたは、主張がなければいけない。あなたがたが考えていることをきちんとこちらに伝えなければ、こちらはあなたがたの考えがわからないんですよ」という態度で接します。いっぽう日本人の先生は、たとえ子どもが言葉足らずであまり上手に伝えることができなくても、「この子の背景には何があるんだろう」と推し量ってやる。それが日本人の文化です。

インターナショナルコースは、自分の主張がきちんとできなければ生きていけない世界です。小学校一年生のときから「自分の主張をしなければ」の世界ですから、教室をのぞくと子どもたちがあちこちで英語でギャーギャー騒いでいます。そこでは本音をぶつけあって、お互いに腹を割ってしゃべっています。日本人はオブラートに包んで遠回しに話し、聞くほうも行間を読みながらコミュニケーションをとるのが上手いのですが、英語圏ではストレートにぶつけあいます。つまり、インターナショナルコース出身の子どもたちは、そういうコミュニケーションがとれる相手がお互いに楽でよいのでしょう。

また、そうした団結力で強く結ばれているためか、たとえばポスター制作やプレゼンテーションの制作などの際に「みんなで取り組む」のがインターナショナルコースで、そのあたりは中学・高校も同じ傾向のようです。チームで何かに取り組んで築き上げていけるのがインターナショナルコースです。もちろんレギュラーコースの子どもたちも一生懸命に取り組みますが、インターナショナルコースの団結力にはかなわないところがあります。

授業を行うときの感触の違いについても、レギュラーコースとインターナショナルコースでは違うということを先生がたは異口同音に語ります。子どもたちに意見や発言を求めると、インターナショナルコースの子どもたちはどんどん手を挙げて発言し、たくさんの意見によって話が広がりながら授業が進んでいきます。たとえば国語の物語文で登場人物の気持ちを考える場合も、どんどん意見が出てきて広がっていきます。主張することにも聞くことにも長けているため、レギュラーコースとインターナショナルコースでは、同じ学年でも授業での話の広がり具合が違ってきます。

インターナショナルコースの子どもたちは、新たな考えを表現すれば自分が評価されることを肌で感じてわかっているのでしょう。それは西洋の文化であって、よく日本の企業と比べて外資系企業を語る場合と似ています。そのような文化の違いにもとづく傾向のようなものが意外に顕著であるため、小学校の卒業生はそのまま中学のインターナショナルコースへ入る子どももいれば、中学のレギュラーコースを選ぶ子ども、あるいは外部の私立や公立に移っていく子どももいて、さまざまです。

環境の威力

レギュラーコースの子どもたちとインターナショナルコースの子どもたちは、行事では常に一緒に動いています。レギュラーコースの子どもたちは、インターナショナルコースの子どもたちが英語でやりとりしているのを見ています。インターナショナルコースの子どもたちは、レギュラーコースの子どもたちと話をするときは日本語を使っていいのですが、インターナショナルコースの子どもたちのなかには日本語ができない子どもがいます。その子の気持ちをどうやってくみとるかというと、レギュラーコースの子どもに英語でやりとりをしてもらうしかないわけです。そんなとき、インターナショナルコースの子どもが通訳としてあいだに入ったりすることはありません。どうするのかというと、レギュラーコースの子どもがインターナショナルコースの子どもの英語に耳を傾けるのです。レギュラーコースの子どもたちは、英語を話すのは苦手でも、英語を聞く耳は驚くほどできていて、インターナショナルコースの子どもの言うことに耳を傾けて理解することができます。レギュラーコースの卒業生の口からよく聞こえてくることですが、「耳だけは、カンペキにできた」「英検の試験で、ヒアリングは満点だった」と彼らは言います。その話を最初に聞いたときには「環境の力というのは、こういう部分に現れてくるのか！」と感心したものです。

レギュラーコースの子どもたちは英語を聞いて、それを頭の中で日本語に変換して理解するのではなく、英語を聞いてダイレクトに内容を理解します。そして、話すときは日本語で話しかけますが、なかには頑張って英語で話そうとする子どももいます。つまり、レギュラーコースの課題は、いかに英語をしゃべれるようにするかであって、先生がたは、短いスパンで教材を変えたりしながら取り組みを重ねています。

教材の見直しは、公立では五年とか数年に一回でしょう。でも私たちの小学校では、これはという教材を英語の先生が選び、使ってみて子どもたちに合わないなと思ったらすぐに変えます。合う

レギュラーコースとインターナショナルコースの子どもたちによる英語の合唱。こうした活動での双方のコミュニケーションの中に、環境の威力というものを見出せることがあります。

か合わないかは、英語系の先生にしかわかりません。その教材は日本人には合わないと日本人の先生が助言できる部分もあるのですが、でもやはりどうしたら人が英語を覚えるかということについては、英語圏で生きてきた先生がたのほうがよくわかっています。

ゆるすことから理解が始まる

現在、私たちの学園の中学と高校では宗教教育を行っていませんし、日常においても宗教色が顔を出すことはほとんどありませんが、小学校では毎日、朝はお祈りから始まります。先生がたのなかには、カトリックではありませんが、「今日も子どもたちの心と体がすこやかに成長しますように」と唱えてお祈りをする先生もいます。世の中の人々や子どもたちの心までもが殺伐としてしまっているいまこそ、カトリックの精神が教育の現場にいかされて、おだやかな子どもたちにしてくれることを願ってやみません。そのために「神様がいつもそばにいて、自分を見ている。だから悪いことはできないのだ」という気持ちをもち、謙虚に手を合わせる。そういう時間があってもよいと思います。

最近では学校の給食のときの「いただきます」という挨拶を宗教行為だとして、まゆをひそめる親もいるのだそうです。でも、動物や植物の命をいただくという謙虚な気持ち、給食を作ってくれ

毎年５月に開かれる聖母祭（せいぼさい）の模様です。子どもたちの中にカトリックはいくらもいませんが、カトリックの精神に触れながら、子どもたちがおだやかに、謙虚に、そして優しく成長していってくれることを願ってやみません。

た人たちへの感謝の気持ち、そしてこうして一堂に会しておだやかに食事ができることを神様に感謝する気持ち、それらの気持ちをこめての「いただきます」です。神様といいましたが、もともと日本にはいろいろな神様がいたのですから、特定の神様にとらわれずにみんながそれぞれの神様に感謝をする、それでいいではないかと私は先生がたに言っています。

驚かれるかもしれませんが、私たちの学校では『君が代』を大きな声で歌います。そしてそのあとでフランス国歌『ラ・マルセイエーズ』を高らかに歌います。

なにが「国際的」なのか、多様なそれぞれの文化を理解してこその「国際的」ではないでしょうか。『君が代』は日本の文化そのものです。『君が代』を歌えば、自分は日本人であり、ここは日本の学校だということを実感するでしょう。そしてかたやフランス語の歌を歌います。フランス語の先生は、『ラ・マルセイエーズ』は戦争の歌だとしっかり説明します。逆に、日本人の先生のほうも『君が代』という歌の背景をきちんと説明すべきでしょう。そんなふうにして、それぞれの国の文化を認める姿勢が、これからの日本には必要です。自分の国のことだけに目を向けていたら、多面的な、ワールドワイドな、ボーダーレスな思考を実現することはできません。

キリスト教の教えの一つに「人をゆるす」ということがあります。「ゆるす」というのは「認める」ということです。世界中の考え方を認めること、それこそが国際理解ではないでしょうか。世界のさまざまな宗教のなかには排他的、つまり他は認めないということを明確に打ち出しているものもありますが、キリスト教の教えには「寛容さ」があります。国際社会を牽引しているアメリカでさえ、その国民の六割は進化論を否定して、人間は神様が作ったと信じています。どんな考えにすがるかは人それぞれ。そうした寛容さをまず学校が発揮しつづけることではないでしょうか。

大人の経験を子どもたちに

最近では、インターナショナルコースでは卒業までに英語検定の準一級まで取る子どもが増えてきました。準一級を五年生で取ってしまう子どももけっこう出てきていますし、四年生で一級を取ってしまう子どももいます。レギュラーコースでは、早い子どもは三年生で二級を取ります。英検であれなんであれ、子どもたちはどんどん上を目指そうとしています。そして現場の先生たちはどんどんそれを後押ししています。

後押しというのは単に授業で指導をするということではなく、たとえば先生がた自身が持っている経験や、海外の学校の先生がたとのコミュニケーションのなかから得たイメージを子どもたちに伝えて、「ああ、自分も大人になったら、そんな経験ができるんだな…」というイメージを子どもたちに広げてもらいたいと考えています。

小学校の先生からそんな話を聞いたとき、私は、先生がたは最近の家庭で父親が演じにくい役割を果たそうとしているのではないかなと考えました。

いま、家庭で子どもたちの目に「父親」はどんなふうに映っているでしょうか。朝早く家を出ていって、夜帰ってくるとビールを飲んでグタっとして、日曜日になるとゴルフに出かけていき、帰ってくるとまた飲んで横になって…。

たまには、子どもとテーブルをはさんで、いま会社でどんな仕事をしていて、それはこういう大きな仕事で、あるいは会社がこういうことを実現するためのこの部分をお父さんが担っていて、いまこんなことが一つの壁や課題になっていて、などという大人になってからの体験や哲学を子どもに聞かせてやることも大事なのではないでしょうか。

バランスのとれた人間に

勉強だけでなく、運動であれ、芸術であれ、部活であれ、児童会であれ、なにごとにもチャレンジしてバランスのいい人間になっていきなさいと、私は子どもたちに言っています。勉強だけを頑張る人になってはいけません。すべてに興味をもって取り組んでいけるようになってほしいものです。小学生のときに勉強だけをやっていた子どもは、中学や高校へ行って、あまりパッとしないこ

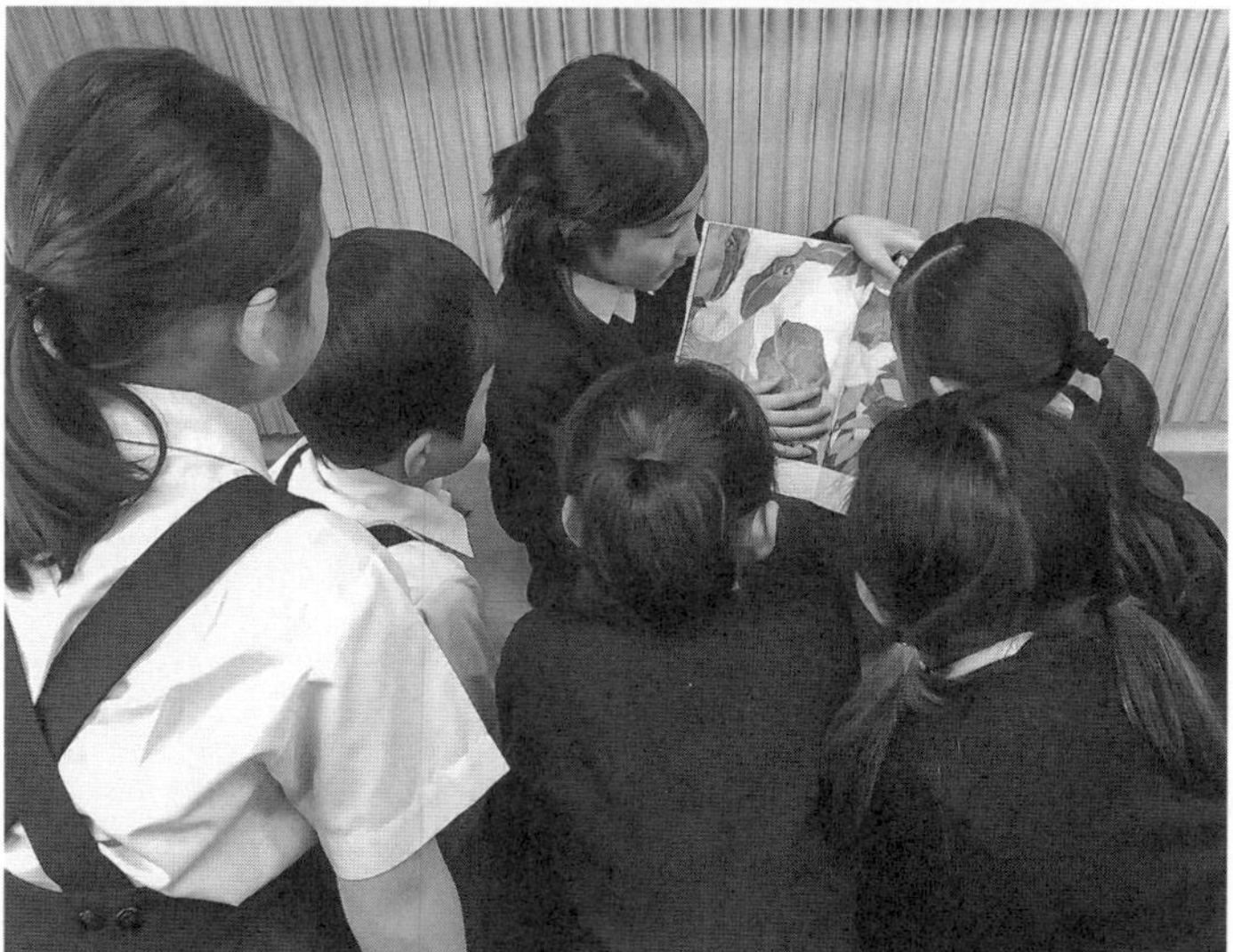

勉強だけではなく、さまざまなことにチャレンジし、積極的に取り組みながら、バランスのとれた人間に育っていってほしいと願っています。

とが多いものです。人として魅力のある人間にならないと、大学へ行ってつぶれてしまい、退学したり留年したりということになってしまいます。小学校では勉強ができて中学受験がうまくいっても、高校で伸びなかった、希望の大学へも入れなかったということはけっこう多いものです。

大学入試でも、いまは「高校で何をやってきたか」を面接で聞かれることがとても多いし、小論文を書くにしても、部活をやっていない、芸術面の取り組みもない、生徒会活動への取り組みもない子は、自分の意見を書くことができません。それではいくら英語や数学ができても、合格を勝ち取ることができません。そうなってほしくないので、そこをうまく引き上げて育てていきたいものです。

バランス感覚が備わっていて、かつ語学力が身に付いていれば、それこそが国際社会で活躍できる理想的な人材でしょう。それを育てることができる環境が「ここ」にはあります。

小中高の連携

外部受験についてすこし触れておくと、子どもたちや親御さんには、中学はどこへ行ってもいいとお話ししています。ただし、外へ行くと決めたらしっかり目標を定めて、できるだけいいところへ行ってほしいと言います。内部の中学・高校へ進んだ子どもたちも、みんな目標を決めてしっかり勉強して大学へ入っていきます。だから、外でも中でも、どちらでもいいのです。

ただ私たちとしては、内部の中学・高校へ進んでくれれば、子どもの成長をずっと見ていることができます。六年間、私たちのもとで育った子どもがその後、大きくたくましくなっていく様子を見ていられる、それは嬉しいものです。小学校の卒業生は、中学二、三年ぐらいまではよく小学校に遊びに来て、小学校の下のベンチで、「最近はどうだ」「成績がのびません」「それは目的がないからだ」「クラブのほうは…」「生徒会で…」「スピーチコンテストでは…」と一時間ぐらい話をして帰っていきます。そんなことができるのは小・中・高が同じ敷地にある一貫校だからで、公立などではそうはいかないでしょう。

この自然のなかで育っていくからでしょうか。子どもたちには一様に一つのカラーのようなものが備わっていくものだなと感じることがあります。大らかな子どもとして、あるいは人として角がとれた、丸みがある子どもとして、みんな大きくなっていきます。そんな様子——それも「成果」といってよいかもしれません——に接して目を細めることができるのも一貫校ならではなのでしょう。

小学校からは、卒業生の六割から七割が木更津の中学校へ内部進学していきます。最近では中学や高校の先生から、子どもたちの読み書きの能力をもっと充実させてほしいという要望が聞こえてきます。小学校の先生がたも、内部進学後に卒業生たちがよい教育環境に的確になじむためにも読み書きの能力をつけてやりたいと考えています。

小中高の先生が、子どもをどう育てていくかについてお互いに理解しあいながら連携をとっていく、それは一貫校だからこそできることです。ここ五年ぐらいのあいだに、小中高の先生がたがお互いに意見を交わす機会が増えてきて、一貫校としての機能が強化されてきたように思います。

先に子どもたちを六年間みている小学校の先生のほうから情報発信は始まるようで、卒業させた小学校の先生が中学の職員室へ行って、つぎの担任の先生に子どもひとりひとりについて細かく伝えています。同じ敷地のなかなので、そういうことがこまめにできるのです。「いまから行きます」と電話一本入れて、すぐに始められる。たいへんいい環境だと思います。

教育は、その子のこの先のことを考えて行っていかなければなりません。中学の先生に会って、この子をどう育てて欲しいか、どう伸ばしていきたいかを伝える。家庭もそれを望んでいるのではないでしょうか。

子どもと向き合い、声をかける

さきほど、「目指す児童像」は学校から家庭へのメッセージですとお話ししました。「目指す児童像」に近づくため、親御さんには家庭で子どもとの時間をできるだけ持っていただきたいのです。

カトリックの神父である私は家族や財産を持っておらず、私は学園の敷地の中央にある管理棟と呼ばれる建物の三階に一部屋をもらい、そこで起居しています。管理棟の一階と二階には校長室のほかに事務室、会議室、応接室などが入っていて、私の部屋がある三階には小学生の寮があり、そこでは現在十人ほどの子どもたちがともに生活をしています。私は朝晩の食事を時折一緒にしながら、子どもたちといろいろな話をします。子どもたちの言うことや話すことに耳を傾け、時には私がキリスト教の世界の話をすることもあります。

入学試験の会場を見ていると、だまって座って話を聞くことができない子どもが、この五年から十年ぐらいのあいだに増えてきたような気がします。それは、親御さんが子どもと面と向き合って接している絶対時間数と関係があるのではないでしょうか。

いま、保護者会や学校行事などの様子を見ていると、先生が話をしているときでも、子どもがステージで熱演を繰り広げているさなかでも、親御さんがスマートフォンに目をやって操作をしている光景を目にします。家庭でも状況は同じなのだとすれば、それは最近の言葉でいえばネグレクト、つまり無関心という状態ではないでしょうか。家庭で子どもがいるときにはスマホは横において、子どもがスマホをいじっていたらそれはちょっとお休みにしてもらって、声をかける、子どもの声を聞く、そんな時間を大切にしてほしいものです。

以前にくらべると、子どもへの言葉がけがあまり上手ではない親御さんを見る機会が多くりました。教室でも、先生がほめたりしても素直に受け入れない、つまり「ほめられなれていない」子どもが目につくようです。人はほめられて育つものです。自分がやったことが認められれば伸びるものです。家庭の中でそうした機会をもっともっと子どもに与えてやってほしいものです。

殺伐としているというと、少し大げさかもしれません。でも、子どもたちがざわついているなと感じるときがあります。それは受験が近づいてきたときです。

小学校の卒業生は、多い年は半分ぐらいが外部受験をします。親御さんによくお話ししていますが、私たちの小学校のいいところは、そのまま進める中学・高校があることです。内部進学試験がありますが、たいへん大らかに実施しますので、外部受験のようにそのために殺伐とした雰囲気になることはありません。

「私たちの小学校のいいところ」は内部進学試験が大らかであることではなく、内部進学試験が負担にならないので、その分、子どもと向き合ってコミュニケーションをとる時間がたくさんできるということです。

第五章　可能性への信念

「幼稚園児には無理」ではない

私たちの幼稚園は現在、三つになりました。暁星君津幼稚園、暁星国際学園新浦安幼稚園、そして暁星国際流山幼稚園です。いずれの幼稚園でも語学教育を重視し、それぞれの保育の現場で実践に取り組んでいます。

開始した当初は、「幼稚園児には無理なのではないのですか？」という質問を受けることもありました。また、私は二〇〇八年に書いた本（『心の一貫教育』誠文堂新光社）の中で、次のように書きました。

——私はしばしば「文部科学省の決めたルールに違反していないのですか？」という質問を受けることがあります。もちろん、国の定めたルールに反するところはありません。しかし、私たちが強い信念を持って実践している試みは、それほどに常識を超えたものとしての印象を伴うようです。「試み」と表現しましたが、そう遠くない将来、きちんと成果は形となり、評価を得ることができることを確信しています。——

本章では、その成果や評価も交えて、私たちの取り組みをご紹介してみようと思います。

暁星君津幼稚園は、私たちの幼稚園のなかでもいちばん歴史があります。体育指導による幼児からの身体作り、絵画指導を通しての表現力の養成、そして外国人の先生による英会話指導を通しての知的教育の基礎作りを実践しています。

流山に「暁星国際」を

千葉県流山市は、ここしばらくのあいだに急速に発展を遂げました。つい十年ほど前までこのあたりは、何もなく、森が広がり、あちらこちらに建物がぽつぽつと建っているような光景が展開していたところです。二〇〇五年につくばエクスプレスが開通してからは、東京の秋葉原まで三十分足らずで行ける利便性の高い地域として注目を集めてきましたが、特にここしばらくのあいだの様変わりには目をみはるものがあります。

市内のつくばエクスプレスの駅には「流山おおたかの森」「流山セントラルパーク」というふうにこだわりや志向を感じさせる駅名が付けられているのが印象的です。また、現在も流山市のホームページを見ると、一つの方向性をもった町づくりをしようという意欲が伝わってきます。ホームページは全体にグリーンを基調としていて、「都心から一番近い森のまち」「母になるなら、流山市」というキャッチコピーが躍っていて、つまり、子どもを育てる町としての環境づくりが市にとって大きなテーマであることがわかります。実際に三十代、四十代といった若い世代が移り住み、人口が増えることで町が急速に発展を遂げてきました。

流山市長の井崎義治さんは、アメリカのサンフランシスコ州立大学大学院に留学され、現地の企

流山市のホームページ（画像：千葉県流山市）

業に勤務をなさった経歴をお持ちの方で、たいへん国際的な感覚の持ち主です。もちろん、英語も堪能でいらっしゃいます。「流山セントラルパーク」という駅名にも、そうした国際的な感覚が反映されているのかもしれません。

いまから七年前のことになります。その井崎市長が私たちの学園に興味を持ってくださいました。「国際」と名がつくからか、あるいはやはり何か「国際的」なにおいを感じ取ってくださったのかもしれません。

井崎市長と石原重雄副市長、そして教育庁の方々が木更津に足を運ばれ、時間をかけて小学校から高校までをご覧になりました。その後、昼食をご一緒した際、私も外国かぶれですので、食後のコーヒーにブランデーをお入れしたところ、そんなところにも国際的な香りを感じてくださったようでした。ヨーロッパのフルコースでは、コーヒーにブランデーやリキュールを入れて出したりしますし、私も若い頃にフランスへ留学していたときには教師がランチのテーブルにワインやビールを並べているのをよく目にしたものです。

市長は幼稚園・小学校の一貫教育に関心を寄せられていたこともあり、小学校のインターナショナルコースを特に熱心にご覧になりました。そして「こんなすばらしい教育を実践している学校はほかにないのではないか」「国際的な感覚に満ちあふれていて、言葉を大事にしながら、将来輝く人材を育てていく。そんな学園をぜひ流山にもつくりたい」というお話をいただき、やがて流山に私たちの学校をつくる話が動き始めました。

当時、井崎市長は町づくりの一環として、流山セントラルパーク駅の周辺に学校や病院などの公的な施設を誘致したいというご意向をお持ちでした。駅に隣接したエリアへの公募を実施するということでしたので、それに応募する形で「暁星国際流山」がどんどん具体化していきました。

そして二〇一四年四月、暁星国際流山幼稚園が開園しました。駅を出るともう目の前が幼稚園の玄関で、十三階建てのマンションの一階に幼稚園の玄関が入っています。そしてその二年後の二〇一六年四月、幼稚園に隣接する約二千四百坪の敷地に暁星国際流山小学校が開校しました。

英語が聞こえてくる幼稚園

私たちは、二〇〇四年四月に千葉県浦安市に暁星国際学園新浦安幼稚園を開園しました。浦安市

流山セントラルパーク駅に沿うように、幼稚園と小学校の校舎が並んでいます。

幼稚園の玄関は、13階建てのビルの1階にあります。向かって右が流山セントラルパーク駅。駅の出口を出ると、もう目の前が幼稚園の玄関です。

は都心に近いベッドタウンとして発展し、一九八三年の東京ディズニーランドの開園によって一躍注目のエリアとなりました。高層マンションが建ち並ぶ地域の一角に開園した私たちの幼稚園は、「日常的に英語を用いる幼稚園」としてたいへん注目を集めました。

暁星国際流山幼稚園は、基本的にこの新浦安幼稚園の流れをくんでいて、保育の目標や理念として「国際性」「語学教育」「心の教育」を大きな柱に掲げています。

幼稚園の保育の様子を見ていてまず気が付くのは、英語が聞こえてくることでしょう。といっても、インターナショナルスクールのように先生と子どもたちが常に英語を使ってやりとりをしているわけではありません。見ていると、子どもたちの前に日本人の先生がひとり、外国人の先生がひとり立っていて、日本人の先生が「さあ、手を洗おうね」というと、外国人の先生が「ウォッシュ・ユア・ハンド！」と子どもたちになげかけます。

新浦安幼稚園で開園以来取り組みを重ね、今回流山幼稚園でも実践されているこうした語学教育のスタイルは、イマージョンプログラムという考え方に基づいています。

これは一九六〇年代にカナダで最初に実践された方法です。英語圏からの移民とフランス語圏からの移民の勢力が強かったカナダでは、英語とフランス語の二つの言語が公用語になっていますが、実際に学校などで日常的に使われているのは英語です。そこで、フランス語を話す親たちが、

日本人の先生と外国人の先生がセットになり、まず日本人の先生が日本語で、そして外国人の先生が英語で子どもたちに呼びかけます。（新浦安幼稚園）

自分の子どもたちにフランス語を身に付けさせるには学校のフランス語の授業だけではだめだろうと、学校のほとんどの授業をフランス語で行う試みを実践したのが始まりです。

「英語漬け」という言葉を聞いたことがあるでしょう。たとえば、お父さんの仕事の事情で子どもが外国で暮らすことになって、英語圏であれば英語で授業を行う学校に通いだすと、子どもはいやでも文字通りに「英語漬け」となり、自然に英語を覚えていきます。

つまり、外国語を身に付けさせるには人工的に外国語の環境を用意するのが効果的だということで、それを幼稚園での保育で実践する試みを新浦安幼稚園で始めました。

英語の環境といっても、子どもたちにもっぱら英語を使って接するのではありません。さきほどお話ししたように、日本語の先生と外国人の先生がセットになって保育にあたるチームティーチングという方法をとっています。日本人の先生は日本語、外国人の先生は英語しか話さず、二人の先生がお互いの理解のもとに保育を進めていきます。これで子どもたちには、日常的に日本語と英語の両方が聞こえます。幼稚園でこのような試みを実践したのは、おそらく私たちが最初だったのではないでしょうか。

ただし、私たちが教育の柱として掲げているのは「語学教育」であって、「外国語教育」ではありません。つまり、私たちは日本語も大事にするので、強制的に英語で話させることはしません。英

英語が聞こえる環境で生活するうちに、子どもたちの英語を聞く耳が自然に育っていきます。(流山幼稚園)

外国人の先生は日本語を理解しますが、子どもたちには基本的に英語でしか返しません。やがて、子どもたちの口から自然に英語が出てくるようになります。(流山幼稚園)

語で言いなさいと子どもたちに要求することはありません。

ですから、幼稚園で子どもたちと先生がたとのコミュニケーションを見ていると、最初は「おや？」という印象を持たれることと思います。外国人の先生が英語で話しかけると、子どもたちが日本語で返す光景がよく見られるのです。

子どもたちは英語を感覚的に覚えてしまっていて、外国人の先生が何を言っているのかがよくわかっています。ただし、アウトプット、つまり「話す」という部分では個人差がありますので、「英語で言いなさい」と言われると、場合によってはそれがストレスになってしまう場合があるでしょう。外国人の先生はたいがい日本が好きで日本に来ていて、そのため日本語がわかるので、子どもたちの日本語を聞いても十分に理解することができます。ですから、先生が英語で話しかけて、子どもが日本語で返すというコミュニケーションが日常的にあちこちで見受けられます。

外国語の先生が英語で「ちゃんと並びなさい」「御手洗いに行きましょう」というと、子どもたちはそのとおりに動きます。でも子どもたちは、「先生、おしっこがまんできない～」と日本語で訴えます。外国人の先生は、しばしばあえて日本語がわからないような顔をすることがあり、子どもたちもそんな先生の顔を見ながら、少しずつ英語でしゃべるようになっていきます。

「あいうえお」で心の教育

新浦安幼稚園・流山幼稚園のいずれも、地元の自治体の誘致を受けている関係で、宗教教育は実施していません。しかし、幼稚園の子どもたちには精神面の教育、つまり心の教育が大切だという私の思いを、現場の先生がたがうまく教育の現場で反映させてくれています。

たとえば、新浦安幼稚園の開園時から先生がたが子どもたちと実践している「あいうえお」です。「あいうえお！」と、日常のあちこちで子どもたちに投げかけています。「あ」は挨拶の「あ」、「い」は命の「い」、「う」は敬いの「う」、「え」は笑顔の「え」、「お」は思いやりの「お」です。

子どもたちに「あ！」と投げかけると、「あいさつのあっ！」と元気に返ってきます。子どもたちはまだ言葉の意味を必ずしもよくわかっていませんが、言葉から入っていくうちに、だんだん気持ちを理解できるようになっていきます。「あいさつのあ！」とずっと口にしていると、そのうち挨拶が上手になっていくものです。

たとえば朝、先生がたは、子どもたちにこう投げかけています。「みんなが幼稚園の門を入ってきたときに、気持ちよく『おはようございます！』といってくれると、とっても嬉しいな」「一日、明るい気持ちで過ごせて嬉しいな」。すると、門を入ったときにうっかり挨拶を忘れた子どもがいると、別の子どもが「あれ、『あいさつのあ』は忘れちゃったかな」と教えてあげるくらいに子どもたちのあいだに浸透しています。

朝礼では園長が子どもたちに投げかけます。

「お約束しましょう！　今週一週間、みんなが元気で過ごせるように、園長先生とお約束しましょうね！　さあ、『あ』は何でしたか？」

「あいさつのあ！」

「そうですね。それは、どうするのでしたか？」

「朝はおはようございますする」

「それから？」

「いただきますもしなくちゃだめ」。

そんなふうに、挨拶にもいろいろな言葉があるのだということがすこしずつ積み重なってわかっていきます。

「い」は命の「い」です。命は一つしかありません。だから自分の身を守るということ、命を粗末にしてはいけないということを小さなうちから教えていかなければいけません。残念ながら、そう実感させられる出来事が多い昨今です。また、これからは外国から多くの人々がくる時代になりま

「いただきます」「さようなら」。最初は意味もわからないものです。でもだんだん「挨拶」というものの大切さをからだで覚えていきます。（流山幼稚園）

す。すると、薬物など有害で危険なものが身近に及ぶ機会などが増えてくるかもしれません。ゲーム感覚で命を脅かし、脅かされる時代です。命は一つしかないから、「なくなってしまったらおしまい」なんだということを小さなうちから植え付けておかなければいけません。

見ていると、子どもたちは園庭で遊んでいるときも植物の葉っぱを取ったりしません。草木にも「命の『い』」があると知っているからです。ただし、ときには先生がたも「苦労」をするようです。たとえば蚊やダンゴムシなどを害虫であると教えるのがたいへんで、夏場に蚊をうっかりたたこうものなら、「先生、いのちのいが消えちゃったよ！」と子どもたちが顔をくもらせるのです。そこは根気よく、「蚊のせいでみんなが病気になって命を落とすことになったらたいへんだよね。だから、みんなを守るために、しかたなくやったんだよ」と説明して理解を促します。

「敬い」は「あいうえお」の中でも子どもたちに伝えるのがいちばん難しく、言葉としてもなかなか入りにくいものです。いまの子どもたちは、人のことやまわりの誰かを尊敬するという気持ちを持つ機会が少なくなってしまいました。昔は家庭では親を、学校では先生を敬うことが当たり前でしたが、今はそんな家庭は少ないし、学校に文句を言う親御さんもたくさんいる時代ですから、「敬う」ということを子どもたちが知る機会も失われています。尊敬すること、敬うことの大切さを言葉で教えていくのはたいへん難しいのですが、たとえばお年寄りに席をゆずることの意味をみんなで考えたり、みんながお手本にしたい人は誰かなという話をしたりして、尊敬するということを教えています。

「え」は笑顔の「え」です。あなたたちの笑顔は最高のもので、あなたたちの笑顔がしあわせをみ

笑顔がしあわせを運んできてくれる。子どもたち自身がそう実感するのは、大きくなってからのことでしょう。そういえば幼稚園でそう教わったなと思い出して、同じ気持ちを彼らの「子どもたち」に向けてくれることを願っています。(流山幼稚園)

思いやりの気持ち。それは今日、とても大事なものの1つではないでしょうか。友達や家族を思いやれる優しさをもった人間として成長していってくれますように。(流山幼稚園)

んなに運んできてくれる。だから、いつも笑顔でいられる人生を送ってほしい。どんなつらい状況でも、努力すれば必ず笑顔にもどれる。だから頑張っていこうね、と話をしています。

思いやりの「お」は、幼稚園で子どもたちどうしで遊ぶなかで、「やっぱりこれが大事だね」と実感的に伝わりやすいものではないでしょうか。たとえば、自分がやられたらいやなことは絶対に相手にはしてはいけない。いわれていやなことは絶対にいわない。それを鉄則にしています。だから、子どもたちはけんかになったときでも、そのあとでの反省力が高く、「されたらいやなことをやっちゃった。だから僕は謝らなくっちゃ」と素直に反省します。

さきほどもお話ししたように、いまこそ心の教育が求められる時代です。「あいうえお!」を言葉で知り、体に溶け込ませていった子どもたちが、光り輝くすこやかなおとなに成長していってくれることを願ってやみません。

シンプルな園庭

流山幼稚園の園庭をのぞくと、大方の人は「あれ?」と思うものです。一般に幼稚園の園庭といえば、すべり台やシーソーなどの遊具がいっぱいあって、しかも人気のキャラクターのイラストがあちこちに描かれていていてという賑やかな光景をイメージすることでしょう。でも、ここにはそうし

ジム、鉄棒、砂場など、子どもたちの体力と創造力を育むのに必要なものだけを置き、不要なものを置かない。幼稚園の園庭によく見られる賑やかさは、私たちの幼稚園にはありません。(新浦安幼稚園)

たものは見当たりません。一面に人工芝が植えられた広場の片隅に鉄棒やジムや砂場があるくらいです。

新浦安幼稚園の園庭も同じようにシンプルです。こちらは開園時、東京ディズニーランドがすぐそばにあり、子どもたちは日頃から足を運んでいるから、幼稚園にはアニメやおとぎの国のような要素は必要ないと考えました。また近くの公園に行けば遊具もふんだんに置かれています。だから幼稚園の園庭には運動機能を養うために必要な鉄棒やジム、それと、どろんこになって創造性を育くむための砂場などを置くにとどめました。

流山幼稚園には近くにディズニーランドのような夢の世界はありませんが、新浦安幼稚園と同じように、余計なものを置いて空間を狭めてしまうことなく、創造的に子どもたちどうしで仲よく遊び、自分たちでつくった遊びを楽しめる空間としての園庭を考えました。何もないところでつくりだす喜びや、子どもたちどうしで考えて遊びを共有することを大切にという考え方が、このシンプルな園庭にいかされています。

「好き」との出会いを用意

二〇二〇年には、いよいよ東京でオリンピック・パラリンピックが開かれます。こうした国際的

流山幼稚園の園庭も、いたってシンプルです。人工芝が敷きつめられていますので、走って転んでも安心。

流山幼稚園では、運動会などはおとなりの流山小学校のグラウンドを借りて行っています。新浦安幼稚園のゴムチップや流山幼稚園の人工芝もよいのですが、昔ながらの土のグラウンドは、運動会などのときに杭が打てるなど、使い勝手がよいものです。

な舞台での日本人の活躍には目をみはるものがありますし、その姿には肝銘を覚えます。たとえばフィギュアスケートを見ていても、選手のみなさんは小さいころからひたすら練習を重ねてきていて、そのためにはいろいろなものを犠牲にして打ち込んできているはずです。そこまでするのは、スケートが「好き」だからでしょう。または「好き」で始めたことだからです。

人間は、好きだからこそ続けられるものです。頑張って継続して努力を積み重ねられるものです。きらいなものや与えられたものは続きません。誰かの付き合いで始めてみたものの、だんだん苦痛になってきた。そんな経験がみなさんにもないでしょうか。そこで私たちは子どもたちに、ありとあらゆるチャンスをできるだけたくさん与えたい、そしてそこで自分の「好き」なものを早くみつけてほしいと願っています。

たとえば課外活動です。そろばん、クラシックバレエ、サッカー、書道、英語関連、美術、アート&クラフト、キッズダンスなどなど、どれも園長が厳しい目で選んだ一流どころばかりを講師に招いて実施しています。以前は草月流のお家元に来ていただいていたこともありました。幼稚園のあとでお稽古事に連れて行くのは難しい、だけど子どもたちにいろいろなものをやらせてみたいという親御さんの気持ちにもお応えできると思います。移動しなくても一流の先生に教えてもらえる、そんな機会を用意しています。

一流の先生がたを招いての課外活動。上はミュージック＆ダンス、下はアート＆クラフト。（流山幼稚園）

学年を超えた「縦割り」の保育

私たちの幼稚園で実施しているユニークな試みの一つに、「縦割り保育」があります。幼稚園といえば普通は、年少、年中、年長という学年別の横割りで保育を行っています。でも、いま、子どもの数が少なくなって、私たちの幼稚園でもひとりっこが多くなってきています。そこで私たちの幼稚園では年少や年長といった学年の壁を外して縦割りの保育を行う試みを実践しています。大きい子は小さい子の面倒をみて、小さい子は大きい子のいいところを見習って頑張ってみる、そんな光景がみられ、また成果が出ています。

実際には、最初から縦割りにするのではなく、一学期のあいだは学年別で、二学期に入ると一日二時間程度、縦割りを実施していきます。そして、年少・年中・年長さんが一緒に食べたり遊んだりする時間をだんだん増やしながら、最終的には一日を一緒に過ごすようにします。

縦割りの保育では、具体的に目標を設定して、それにみんなで取り組んでいます。それは英語劇だったり日本語劇だったりいろいろなのですが、そうした取り組みの発表の場となる学芸会や発表会のクオリティーの高さには目を見張るものがあります。年少さんが年長さんに引きずられて全体のレベルが上がるのでしょう。セリフを覚えたり、きちんとセリフを言ったりできるようになるの

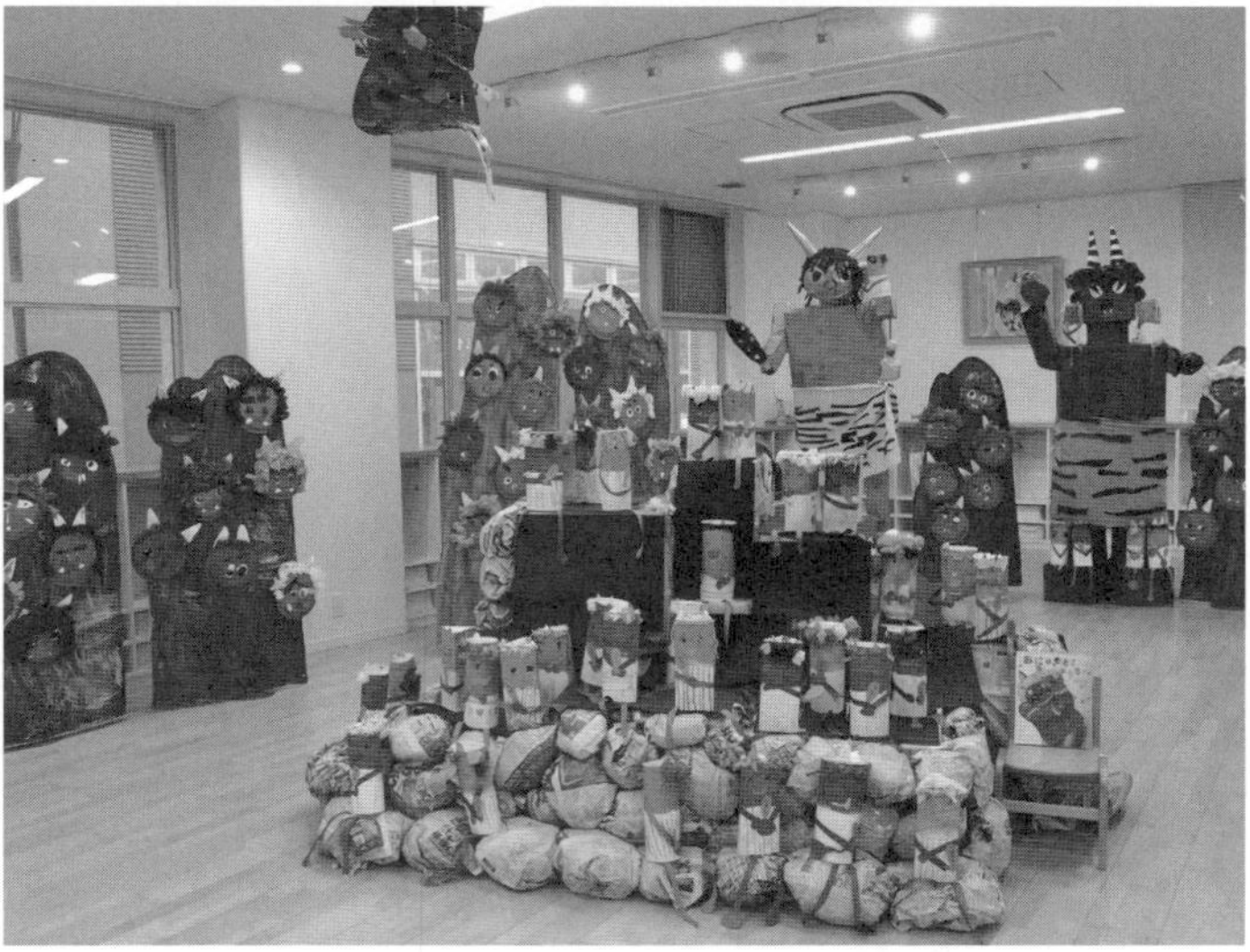

幼稚園の子どもたちの発表会や作品展では、いつも驚きを隠せません。その出来映えや技術はもちろん、真剣に取り組んでいる子どもたちの様子に胸を打たれるものです。（流山幼稚園）

が年長さんより早い年少さんもいるようです。

園バスを運行して、わかったこと

新浦安幼稚園は、開園から十五年が経ちました。開園当時は幼稚園のあたりに林立するマンションからたくさんの子どもたちが歩いて通ってきていましたが、当時に比べると、このあたりでもだいぶ子どもたちが少なくなってきました。そこで、三年前に豊洲、江東区、葛西、浦安への園バスの運行を開始しています。かつてはこのあたりで園バスを走らせていなかったのは私たちの幼稚園だけで、近隣の幼稚園や保育園はほぼすべてが園バスによる送迎をすでに実施していました。

事前の宣伝活動では園長が園バスに乗って、身を乗り出すようにしてお知らせをしながら走りました。その様子はさながら選挙活動のようであったといいます。そして、そこで驚いたのは、「いままで子どもを通わせたかったけれど、園バスによる送迎がないのであきらめていた」「バスが来るならぜひ行かせたい」という声がとても多かったことです。私たちは開園以来、保育の内容や方針を変えずに今日まで保育を実施してきました。私たちがずっと展開してきた保育は多くの家庭や親御さんたちのニーズにかなうものだったのだなとの思いを新たにして、誇らしげな気持ちにもなりました。

新浦安幼稚園の園バス。

保育の成果に接するとき

誇らしいといえば、新浦安幼稚園の卒園者ももう二十歳を迎えていて、みんなそれぞれに自分の人生を輝きながら歩いているようです。二〇一八年に幼稚園十五周年パーティーを開いたときの話を園長先生に聞きました。

当日は、たくさんの「元・子ども」たちが集まってくれたそうです。卒園してからもつかず離れずに顔を出してくれている子どももいれば、卒園以来の子どももいて、久しぶりに会って話を聞くと、医師を志して医学部に入った、バイオリニストになるために音大に行った、などなど、いわゆる「できる子」が多いのが印象的だったそうです。園長は昔から、「うちの幼稚園を出ると頭がよくなる」と言っていましたが、まんざら希望的観測とも言えないようです。

ひとりひとりと話をしていると、個性が強く、また自分に自信を持っている子が多いといいます。「なんでもほめて育てたから」と園長は笑いますが、ずっとそれを継続して、やがてそれがいい形で実を結んでいるようです。小さいときにからだで覚えた外国語が現在も生きている子ども、海外で生活をしているという子どももいると聞いて、国際人を育てるという私たちの思いが形になっているなと胸が熱くなります。

卒園してから公立の小学校へ行って、五年生のときに英検二級をとった子どもがいます。その子は幼稚園にいたころは大きくなったら大工さんになると言っていたそうですが、現在は東京工業大学で建築を勉強していると聞き、その後その人間に一貫するものを幼稚園で得ていたんだなと感じ入ったと園長は話してくれました。

なかには、将来の方向性が決まらずに悩んでいる子どももいたようです。高校生だったその子は、翌年の春に大学合格を知らせてくれました。

園長が子どもたちに「幼稚園の先生になってくれる人、いないかな。あなたたち、早く卒業して、もどってきてくれないかしら」というと、本当に新浦安にもどってくることを目指している子どもがいたそうです。

つかず離れずの子どもがいるとお話ししましたが、幼稚園の近くに卒園後もずっと住んでいて、園長が夜遅くに仕事をしていると、「電気がついていたから」「先生の車があったから」、ときには「お腹がすいたので」とやってくる子どもがいて、よく人生相談にのってあげたりしているそうです。十五周年の準備の際には、ある卒園生があちこちに連絡をしてくれて、たくさんの仲間を集めてくれたと園長が嬉しそうに語っていました。当日は、実に二百人前後が集まる盛会だったそうです。

時間がたっても卒園生たちの気持ちが離れないのは、一つには地域密着型の幼稚園だったからでしょう。

そしてもう一つ、東日本大震災という共通の強烈な体験も彼らを結びつけているのではないでしょうか。あれは、卒園式の前の日のことでした。近くの東京ディズニーランドはさすがに防災対策が十分に講じられていたのか、大規模な液状化現象に見舞われることはありませんでしたが、幼稚園のゴムチップを敷きつめた園庭は波を打ち、やがて水が噴き出してきて海岸のようになったといいます。

幼稚園では、日頃から訓練を実施して危機管理能力を高めるように先生がたや職員のみなさんを指導していたので、慌てることはなかったそうです。湾岸地域に位置していますので、やはりこわいのは津波で、幼稚園には人数分のライフジャケットを常備し、月一回の、ときに不意打ちで実施する防災訓練ではてきぱきと素早く着られるように訓練をしています。

新浦安幼稚園での防災訓練。

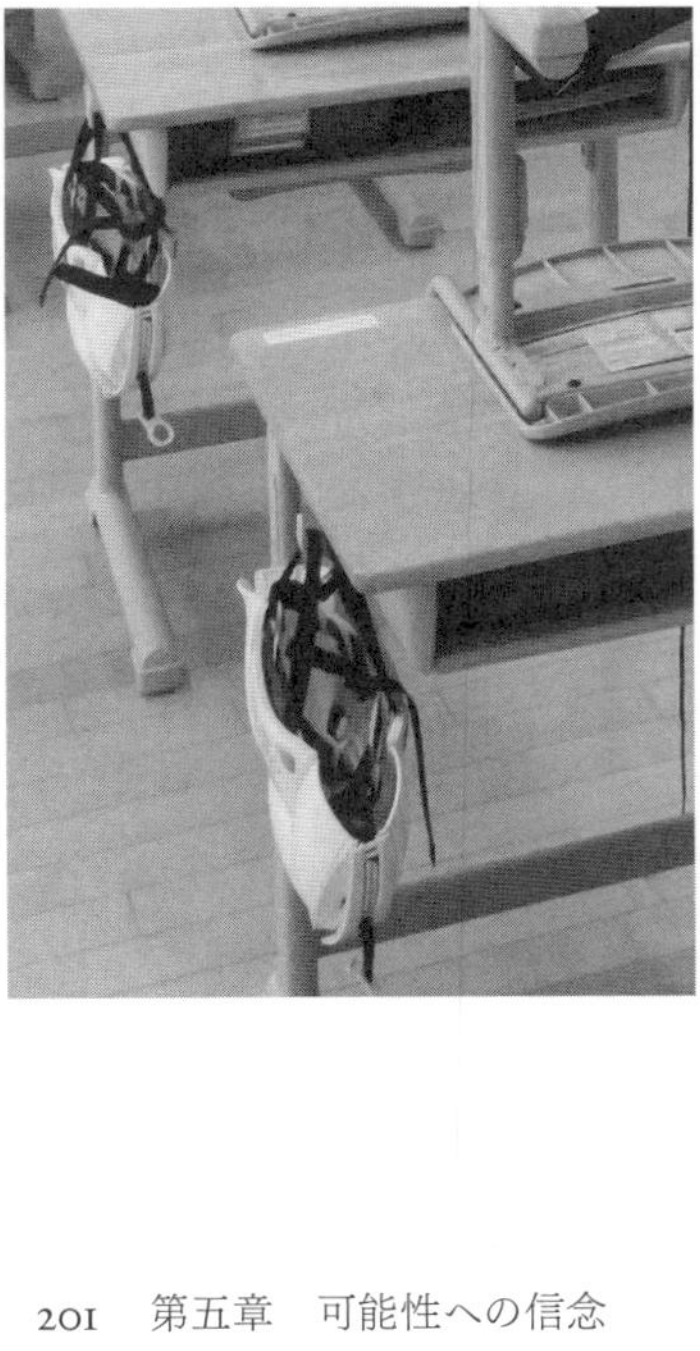
流山は地盤が固い地域ですが、万一に備えて折りたたみ式のヘルメットを常備しています。（流山小学校）

暁星国際流山小学校は流山市では初の私立の小学校で、創立から4年目を迎えています。１学年の最大は70人。現在の最高学年は、創立時に編入して入ってきた５年生です。例年９月には帰国子女が入ってきます。

流山での幼少一貫

暁星国際流山小学校は二〇一六年に開校し、現在は四年目に入りました。当初から、おとなりの暁星国際流山幼稚園との「幼小一貫」を視野に入れていて、幼稚園三年間に加えて小学校での三年間を加えた合計六年間で相当なレベルの英語の定着を図るカリキュラムを策定して実施してきました。現在の最上級生は五年生ですが、彼らは二年生のときに編入して入ってきていますので、現在の四年生のなかに流山幼稚園からの進学組がいます。彼らの英語の定着ぶりを見ていると、私たちが実施したカリキュラムや試みがしっかり成果として実を結んでいるのを実感することができます。

英語で授業を行う小学校

暁星国際流山小学校のテーマの一つは、「世界の人々と積極的にコミュニケーションがとれる能力と勇気を培う」ことです。そしてそのためにやはり語学教育に力を入れています。暁星国際流山小学校では、さきほどもお話ししたイマージョンプログラム、つまり母語以外の環境を人工的に作り出して授業を行う形を実践しています。基本的に国語以外の授業をすべて英語で行っていますが、

流山セントラルパーク駅を出て、幼稚園を右手に見ながら歩いていくと、小学校の玄関があります。

1年生の教室です。My desk, My chairとして入学時に与えられたものを6年間使います。キズをつけたりしたら自分の責任。管理をしながら大切に使うことを覚えます。

インターナショナルスクールではなく、一般の公立や私立の小学校と同じ、一条校です。

現在の在校生のうち、おとなりの流山幼稚園の卒園生は半分ぐらいです。ほかのインターナショナルスクールなどから来ている子どももいて、休み時間のおしゃべりなどを聞いていると、英語は彼らのほうがすこし上手かもしれません。入ってくる子どものなかには英語の素地がまったくない子どももいますが、見ているとすぐに英語を口にしながら輪に加わるようで、気後れしたりすることもなく平気なようです。

入学試験のときには英語の能力も確認するのですが、それは軽くにとどめています。学校説明会などでは、「英語の心得が全然ないのですが、入れるのでしょうか」という質問もよくいただきますが、アルファベットぐらいは覚えておいてくださいとお伝えしています。

子どもたちの順応力と吸収力

「アルファベットぐらいは覚えておいてほしい」というのは、小学校で使う辞典が英英辞典だけで、英和も和英も使わないからです。英語から日本語に直したり、日本語を英語に直したりしてはは英語が身に付かないのです。英語の素地がまったくない子どもにはきついのではないかと思われるかもしれませんが、そこは大丈夫です。「ぴかぴかの一年生」とはよくいったもので、幼稚園か

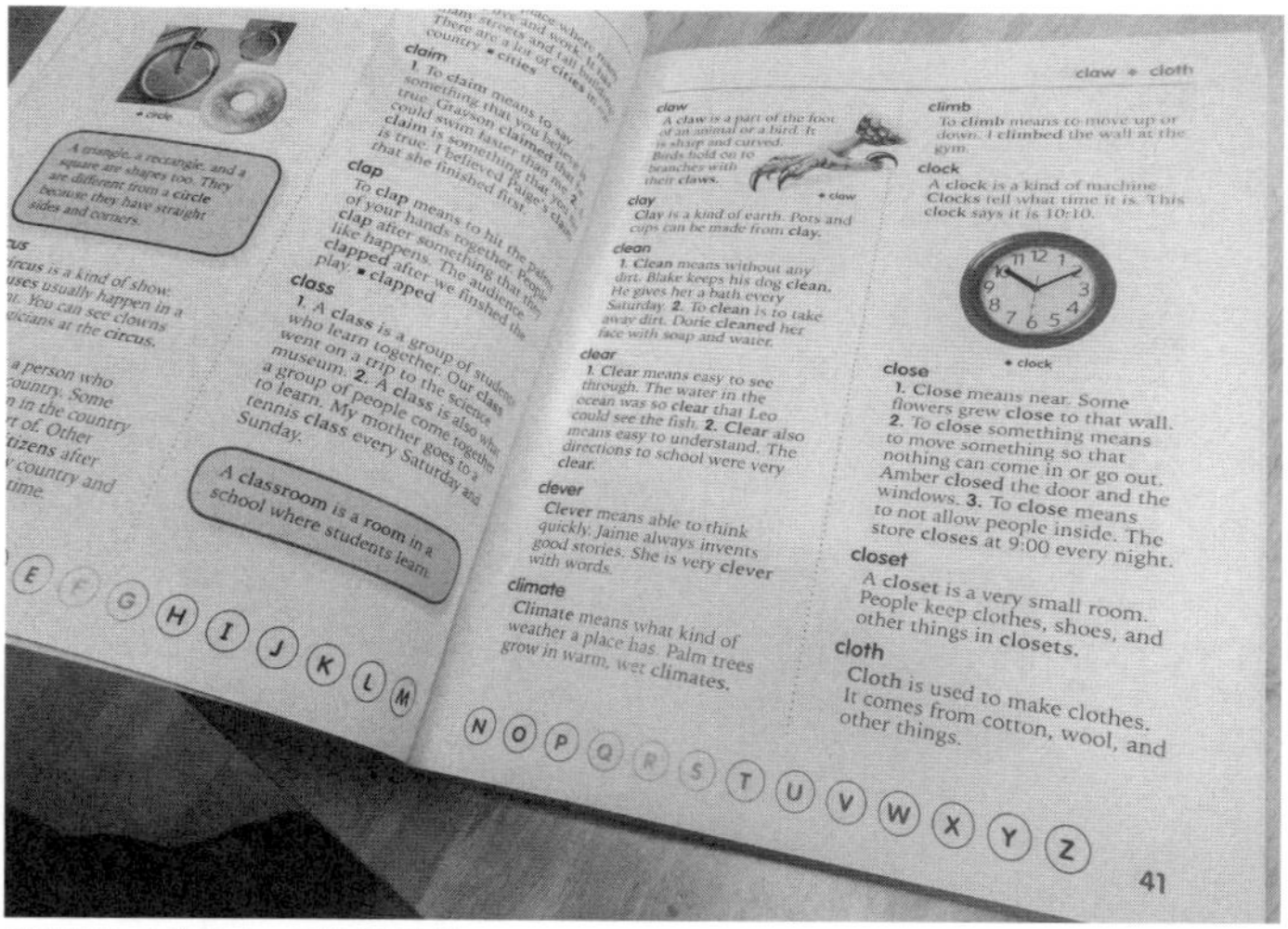

英語圏で使われる英英辞典。アルファベットがわからないと、これが使えません。

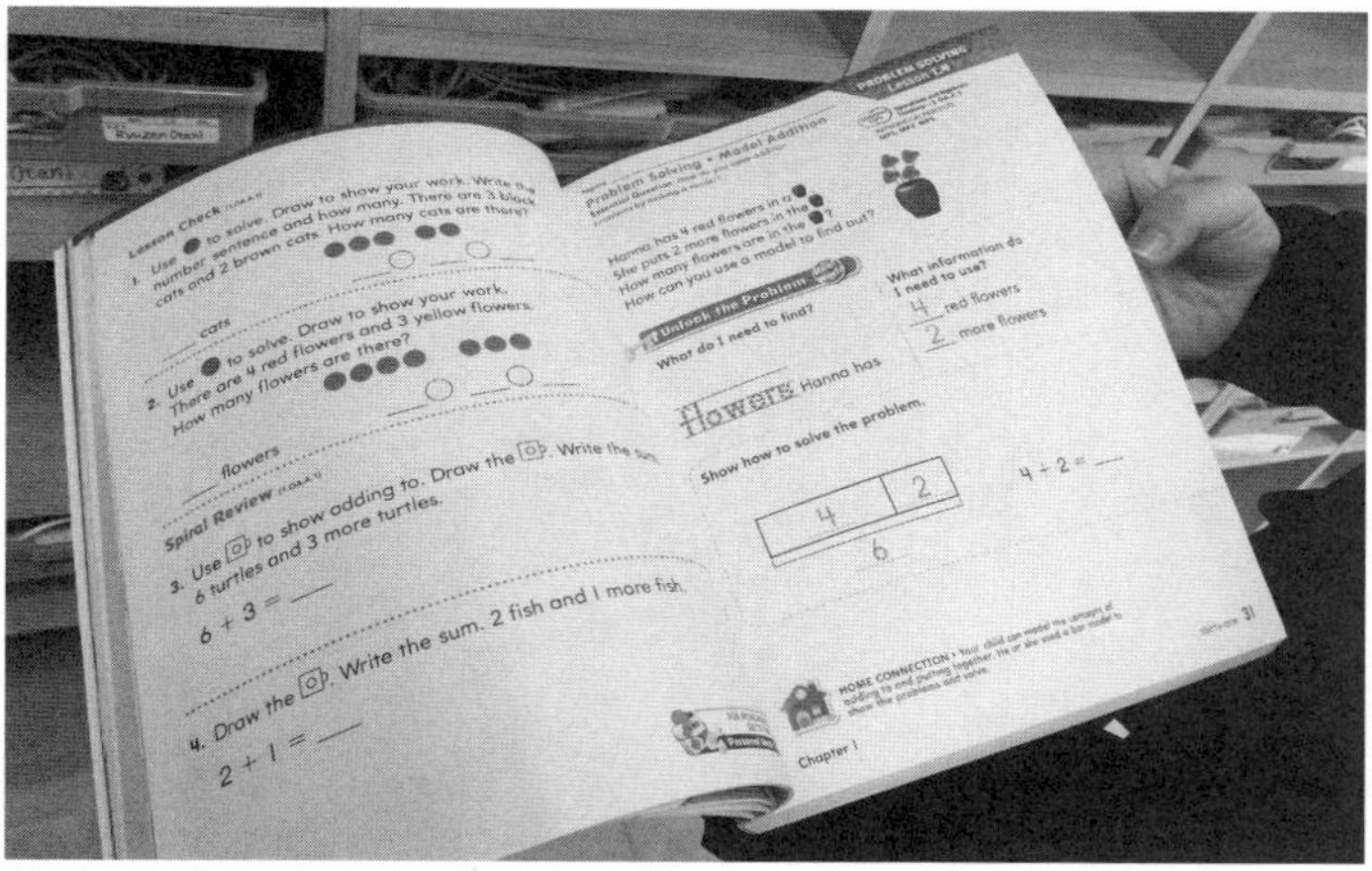

外国の教科書は、わかりやすく言うと、しつこいのです。たとえば日本の算数の教科書であれば、「5＋5＝　」とあるところに「10」と答えだけを書けばすむところを、外国の教科書では考え方、つまりどうしてそうなるのかを文で書いていきます。もちろん、英語で書いていきます。

ら小学校に入るときの子どもの気持ちというのは、格別なものがあるのでしょう。

それに、子どもの順応力というのは大人の想像を超えていると思います。小学校へ入ってくるのは、おとなりの暁星国際流山幼稚園の卒園生、ほかのインターナショナルスクールから来た子ども、一般の保育園から、それから帰国子女もいますが、彼らは英語圏出身とはかぎりません。つまり、英語のレベルはまちまちの子どもたちが集まりますが、ほぼ問題なくうまくなじんでいきます。

もっと驚かされるのは、子どもたちのフランス語の吸収力です。

流山小学校では、英語に加えてフランス語の授業が毎日一時間あります。木更津の小学校のほうでは週に三時間ですが、流山では週に六時間です。

ここでは英語は「日常的に」使いますから、子どもたちにとっては、まあいってみれば一般の人たちの日本語と同じ感覚です。そして、フランス語は習う言葉ですから、彼らの目にも新鮮に映るのでしょう。ちなみに、フランス語の授業はフランス語で行います。補助的に使うのは英語であって、日本語は使いません。

現在、小学校でフランス語を担当しているのは、若年層へのフランス語教育にたいへん熱心な先生で、子どもにはちょっと難しいと思えるレベルのことも、うまく教えてくれています。教材は、フランスの一年生が使っている教材を取り寄せて使っています。

授業は基本的に英語で行われます。子どもたちの入学時の英語のレベルはさまざまですが、アルファベットを覚えていれば大丈夫。

私たちが大切に考えているのは、外国語教育ではなく語学教育です。国語の授業は日本語で行います。

授業は平日は毎日七時間、土曜日は四時間あります。一年生も入学式の翌日から七時間授業です。そのあたりは、私たちの木更津の小学校と同じです。

木更津の小学校もそうですが、子どもたちは本当によく頑張っているなと思います。午後の授業になっても寝ている子どもなどいません。毎日七時間の授業を受けて、午後三時十五分に終礼があり、それが終わると、電車通学の子どもはいっせいに三時三十分の電車に乗って元気に帰っていきます。

子どもたちの順応力はすごいといいましたが、一般の公立の小学校とはこれだけかけ離れていますから、合わない子どももいます。彼らは公立の小学校へ転校したり、他の私立に移っていきます。きっと、英語やフランス語がこれだけできるのですから、転校した先の先生がたを驚かせていることでしょう。

厳しい目で選んだ先生ばかり

学校の中では日本語を使ってもいいことになっていますが、外国人の先生は子どもが日本語で投げかけたときに、日本語ではなく英語で返します。これが確実に子どもたちには刺激になっています。

メディアセンター、つまり図書室です。サロン風でもあり、子どもたちに人気のスペース。動画で興味をくすぐられたら、本で調べます。デジタルの時代でも、ものの質感が味わえるのはやはり紙の本ではないでしょうか。奥にはらせん階段があり、座って本を読んでもよいことになっていて、子どもたちに人気の場所です。

ICTの部屋。タブレット端末は人数分用意されています。人が等身大で投影できる巨大スクリーンとプロジェクターによる電子黒板は、日本ではここを含めて数か所にしかありません。社会、国語、英語、プログラミングなど、さまざまな時間に使われています。

図工室は、木の質感をいかした机やいすのほか、万力などが創作心をくすぐります。

家庭科室。学習指導要領の内容に沿うため教壇ではガスコンロを使いますが、生徒の実習用に教室の両側に設置されているのはIHクッキングヒーターです。

視聴覚室を兼ねる音楽室は、階段教室ふうです。机もいすも置かず、必要があれば床に座ります。

一般に、公立の小学校などでは、四年生まではすべての教科を担任の先生が教えていますが、ここでは全部の教科をそれぞれの専門の先生が教えています。先生全員が児童全員を見ているといったイメージです。

現在、先生は二十人ほどいて、そのうち日本人の先生は四人ほどです。外国人の先生の立場や経歴はいろいろですが、応募をいただいた時にはお会いしてお話を聞き、この方ならお願いできると厳しく吟味をして来てもらっています。

その吟味のポイントは、まず日本の文化風習をしっかり理解していること、そして子どもが好きなこと、さらに、教えることに手を抜かないことです。ほかに、学級運営とはなにかを理解できて、教育者としてのレベルと専門家としてのレベルのバランスが高いところでとれていることが大切で、その意味では現在の先生がたは優秀なかたがた揃いといってよいでしょう。

幼稚園と違って、というと語弊があるかもしれませんが、小学校では子どもたちに学力をつけさせなければいけませんから、先生を選ぶ目も自然と厳しくなります。現在は一年ごとの更新という形で定期的に見直しを行っています。しっかり教えてくれる先生を選ばなくてはなりません。そこで妥協をしては、子どもたちに対して申し訳がありません。

語学教育の成果

小学校では子どもたちに学力をつけさせるという話をしましたが、やはりいろいろな形で目に見える成果を出すことも大切でしょう。たとえば、語学教育に力を入れている学校ですから、英検などでもめざましい成果をあげていなければならないところですが、果たしてその成果たるや、たいへんなものです。

二〇一九年には全国で優秀な小学校に与えられる「トップ校」を暁星国際流山小学校としていた

あちこちからいただく賞状が増えてきました。これは、英語検定。小学校部門で１位の「トップ校」の賞状です。

だきました。個人の成績を見ると、小学一年生では二級がトップ。これはおとなりの暁星国際流山幼稚園から来ている子どもです。五年生には、準一級をめざしている子どもがいます。試験会場ではきっと驚かれることでしょう。準二級、三級、四級はすでにほとんどの子どもがカバーしています。

英検の試験は、日本語ができないと点数をとることができませんが、私たちの小学校の子どもたちはどうもリスニングで点数をかせいでいるようです。なにしろ耳が肥えてしまっていますので、リスニングは満点です。

彼らに訊ねると、聞いていて違和感を感じる選択肢をよけていくのだそうです。意味を理解してということもあるのだと思いますが、聞いていて違和感を感じるものをはじいていくのだと言います。

これからはフランス語検定にも積極的に挑む予定です。

1年生の下駄箱です。クツはきちんと揃えて置いて帰るように指導しています。きれいに揃えられたクツがずらりと並んでいる様子は壮観です。

第六章　「生きる力」の回復

「教養の崩壊」の時代

私も古い人間になってしまいましたので、どうしても現在の状況をかつての状況と比べて見てしまうことがあります。

たとえば昔の旧制高校の学生といえば、ふだんはデカルトなどを読みふけっていたり、音楽に夢中になっていたり、スポーツに興じていたりして、でも試験前にはしっかり学校の授業の復習をして試験にのぞんでというような光景がよく見られました。すこし奥深い世界に興味をもちつつも、単位を取るために試験前には帳尻合わせの勉強をしっかりしていたわけです。現在と比べれば限られた人たちが上級学校に行っていた時代の学びは、教養というものと学力試験の点数の両方がともなった形で存在していました。

我が国では団塊の世代の子どもたちが大学受験を迎えるころになって、いわゆる受験産業がさかんになり、学習塾や予備校というものが頭角を現すようになっていきました。それまでは教師が経験や勘にもとずいて「この大学のこの学部ではこのあたりが出題されそうだ」と傾向と対策を行っていましたが、やがて共通一次試験、大学入試センター試験が実施されてからは、コンピューターによる入学試験のデータベース化が進み、傾向や出題確率が緻密に数値として分析されるようになっていきました。つまり、勉強というもののスタイルが技術化、スキル化していったわけです。
やがて、学校というところが入学試験で点数を取るための技術やスキルを教えるための場所、つまり予備校になっていくケースも見られました。そこではかつて受験生として塾や予備校を経験した人たちが教壇に立ちます。するともうそこでは、「おもしろい本」を紹介しながらの教養をからめての授業などは行われません。また「先生、それは期末試験に出ますか」「いや、かならずしも出るとはかぎらない」「それなら覚えなくていいですね」というやりとりがなされるようにもなったでしょう。

学校で単位を取る、大学へ進学することがゲーム化・技術化し、スキルの問題となった現在においては、「教養」という言葉に妙に古くさい印象をもつ人がいるかもしれません。でも、その古い時代の、限られた人々が大学に進んでいた時代の「知的エリート」というのは、勉強ができることはもちろん、教養を身に付けていて、人格者であり、そして人に優しく、弱い人を守る気持ちをもち、さらに、自分がまわりを代表して主張を伝えたり、ほかの人と交流したりすることに強い意識をもっていた、そんな人物だったように思います。そう考えると現在は「自分のために点数を取ること」が何よりの目的」になってしまっています。点数で計れることだけが授業の目的になってしまえば、当然、自分のことだけを考えるようになっていきます。そういう意味では、教養の崩壊の時代といってよいでしょう。

また、そうした現在の学校の授業では、コンピューターの分析にもとづいてステップバイステップのレールが緻密に敷かれています。それにしっかり、またはなんとかのっかっていける子どもはいいのですが、あるときちょっとそこから外れてしまった子ども、たとえば帰国次女、不登校の子ども、病気でしばらく休んでしまった子どもたちは、もとの地点にもどるのが難しいでしょう。そこで彼らの「学ぶ意欲」が失われてしまいます。

「生きる力」の回復

なんのために勉強するのかと問われたときに、昔であれば「立派な人間になるために」という答えが返ってきたものです。いまはどうでしょう。「大学に合格するため」「いい大学に入って、いい会社に行くため」以上の言葉が子どもたちの口から聞ける機会が少なくなってきているように思います。子どもたちの心が育っていないからです。

学校というのは本来、勉強をしに行くところですが、いっぽうで家庭の外で、他者、つまり人とうまくやっていく力を身に付ける場所であり、そのために相手の気持ちがわかる人になるための場所でもあります。

かつて一九九〇年代の中頃から「生きる力」という言葉を文部科学省がさかんに使って、流行したことがありました。「生きる力」とは何か。それを私たちなりに考え、それを回復していくことこそが仕事なのではないか、そんな思いから出発したのが、「ヨハネ研究の森」です。

授業のない学校、「ヨハネ研究の森」

学園の正門を入り、ずっと奥まで歩いていくと「ヨハネ寮」と書かれた建物にたどり着きます。中へ入っていくと、普通の学校の教室の三倍ぐらいはありそうな広い部屋のあちこちに中学生と高校生がいて、それぞれが黙々と自学に励んでいます。

「ヨハネ研究の森」(以下「ヨハネ」)での学習の中心は、こうした自学です。子どもたちはあるテーマについて自分の視点から調べたり、自分が興味を持った部分について調べてまとめていきます。そして時間がくるとすべての学年の子どもたち全員が集まって、順番に発表・報告したり、質問したり答えたり、そして意見を述べあったりしていきます。これを「セッション」や「ゼミ」と呼んでいます。こうしたやりとりの中で、子どもたちは自学によって得た自分なりのイメージや解釈を組み替えていきます。この一連の過程をここでは「学び」と呼んでいます。

いってみれば自学は学ぼうとしていることの準備や「学び」の整理であって、人とのかかわりの中で自分の解釈をどんどん組み替えていくことが「学び」であると考えています。「学び」の共同体、それが「ヨハネ研究の森」であるといってよいでしょう。

教室は「研究室」と呼ばれています。そこでは、教える人としての先生と、教わる人としての生徒という関係が存在していません。「学び」の主役である子どもたちは「研究員」と呼ばれます。そして子どもたちのそばにいる先生がたは「主任研究員」と呼ばれ、彼らと一緒に学ぶ立場であると同時に、「学び」の進みを促したり方向付けや手助けをしたりする役割を果たします。

およそ「学校の授業」のイメージとはかけ離れたこうした理念や形は、もともとは言語学がご専門で、宮城県で自学を主体とした学習塾を開いておられる横瀬和治先生のお考えをベースに構築されていきました。文部科学省が新しい教育課程や指導方法の開発を目的として設けた制度「研究開発学校」の指定を受けて二〇〇一年にスタートし、二〇〇九年以降は通常の教育課程の学校でありながら研究開発学校時代の成果をできるだけいかすということで、「ヨハネ研究の森」における「学び」を継続してきました。

教科書のすみずみまで授業で教えて全て覚えさせて、テストではき出させて評価するのではなく、みんなで考えることを大切にしています。マニアックな子どもやその予備軍がたくさんいます。「そんなことを調べてもしょうがない。いいからテスト勉強しろ」ではなく、「そんなこと」をどん

広い空間に木の机、膨大な量の本…。子どもたち自身が考えた「学びの場としての理想的な空間」です。

自学は、ここでの「学び」の準備、または整理の時間。

ここでは、教える・教わるの関係はありません。ともに学び、ときに学びをリードする「主任研究員」。

どん調べてみよう、話し合ってみようと子どもたちを大いにたきつけています。

「教えてもらっていないので、できません」

ちょうど二〇〇〇年のころ、分数の計算ができない大学生のことが世の中で話題になったのを憶えている方もいるでしょう。そのころ企業では、企画をまかせても「教えてもらっていないので、できません」という新入社員がいたそうです。

当時、かつては帝国大学であったある国立大学の先生から、最近は教授の推薦状付きで就職試験を受けさせた学生でも「うちでは通用しない」と採用を見送られるケースが出てきたという話を聞きました。勉強ができてテストで点数がとれても、組織が求めていることを見抜いて、自分で調べて、まとめて、プレゼンテーションして、そして人を巻き込んで実行・実践していくような力がなければ、企業では使い物にならないのです。

何が大切かを考える、リサーチする、人に伝える、人の力をかりて実行していく、そういう力がないと企業では通用しないということで、二〇〇〇年代の最初の十年間は大学教育改革がかなり進みました。たとえば、教科書に書いてあることを先生が一方的に延々としゃべって、学生が一生懸命にノートをとって丸暗記をするような授業ではなくて、自分で調べて発表したり、課題を設定し

二十数年前、変わったスタイルの塾が宮城県にあると聞き、そこを訪れて横瀬和治先生に出会いました。

教科ごとに行われるゼミ。

セッションは学年を問わず全員が参加します。

てグループでリサーチして結論を導き出したりという活動を主体とした授業に大学が取り組みはじめるようになっていきました（もちろん、医学部や薬学部や法学部などでは、このような方法が難しいケースもあるでしょう）。

そして、そうした努力が二〇一〇年のころから世の中のあちこちで形になりはじめて、やっと時代が追いついてきたなあという感慨に私たちが目を細めていたころ、企業に人材を送り込む「大学」から私たちにアプローチがありました。大阪大学が私たちの取り組みに興味を持ってくださったのです。

当時、大阪大学もさまざまな枠組みの組み替えを行い、改革の努力を重ねられていました。私たちは、大阪大学と高校大学連携協定を結ぶことになりました。

大阪大学は、企業が望んでいるような人材を大学自体も積極的に求め、育てていきたいということで、高校の先生がたを対象としたセミナーを開き、高校の先生がたに向けて「こういう学生をぜひ育ててください」「こういう授業をやってみてはどうでしょうか」と投げかけていました。私たちもそのセミナーに参加し、副学長の先生のお話をうかがうなどするうちに、やがて大阪大学でのセミナーで講師役をというご依頼をいただくようになりました。二〇一九年三月に東京の一橋講堂で開かれた「高校教員向け探究学習指導セミナー」では、「ヨハネ」の理念や実践についてお話しする機会をいただきました。

「主体的協働的な深い学び」の模索

今後二〇二三年ぐらいから、小・中・高と順番に学習指導要領の改訂が実施されていきます。そこで文部科学省がキーワードとしているのが「主体的協働的な深い学び」です。これは教育学で「アクティブラーニング」という専門用語で呼ばれているものを文部科学省として解釈したものと見ることができます。

ところが、学校の先生がたのあいだには「子どもたちに主体的に勉強をさせようとすると好きなことしかやらず、あきたらやめてしまい、難しかったらあきらめてしまう、そして協働させるとおしゃべりに終止することになって、いずれにしても深い学びにつながらない」という「学び」があります。

それなら、いったいどうしたら「主体的協働的な深い学び」が実現できるのでしょうか。

「ヨハネ」の先生から聞いたお話では、いま、テレビを見ていると、「主体的協働的な深い学び」に向けた先進的な取り組みというものがよく紹介されているそうです。

たとえば、体育の時間に跳び箱を跳ぶところをビデオで撮影して、その様子を教科書と見比べながら、足の角度や腕の様子などについて話し合い、検討していきます。そこでは体育の教員は何も教えません。

また、古文の時間に付属中学の教室に付属高校の生徒がやってきて、高校生が中学生に古典の文法を教えます。中学生は高校生に気軽にいろいろなことを聞けるし、高校生も教えることで、より理解が深まっていくという試みなどが紹介されているそうです。

なかには「これはどうなんだろう…」と少々腑に落ちないものもあるようですが、ともかくいま、そんなふうに世の中のあちこちの学校が「主体的協働的な深い学び」を模索しています。

もともと「ヨハネ研究の森」は、文部科学省の研究開発学校であった時代から（または当時のほうが）テレビや新聞でとりあげられる機会が多かったように思います。おそらくマスコミが文部科学省へ行って、どこかにかわった学校はないかとたずねて紹介されることが多かったのでしょう。そのころはマスコミのほか、先進的な研究開発学校に取り組む教育関係者なども、「ヨハネ研究の森」を見に足を運ばれていました。最近になっても全国から大学や高校の先生がたが見学に来られます。「主体的協働的な深い学び」の実現のために、いったい自分たちの学校はどうすればいいのか、その答えやヒントを見つけようとする熱を帯びた視線が「ヨハネ研究の森」に向けられているのを肌で感じます。

「ヨハネ研究の森」は全寮制です。マスコミをはじめ、教育関係者のみなさんが、ここヨハネ寮での私たちの取り組みに興味を向けてくださっています。

いよいよ時代が来たなという思いを先生がたと新たにしています。

学術の世界への大躍進

さて、「ヨハネ研究の森」は現在十九年目を迎えています。二十年近くの取り組みの「成果」の一端をすこしご紹介しましょう。

日本にはさまざまな分野や領域の学会があります。そのなかには近年、大会の会場に高校生によるポスターセッションの一角を設けている学会があり、「ヨハネ」生も早くから意欲的にそれらに参加してきました。

日本進化学会の二〇〇八年の大会に参加した石黒宗くんは、ヒトゲノムの解析データと病気の相関をコンピューターで分析して、それをポスターセッションで発表しました。

当時はちょうどヒトゲノムの解析が進んでいたころでした。また、当時、「ヨハネ」を意欲的に指導してくださっていた丸山茂徳先生（東京工業大学教授、後述）が、天文学者と連携して新しい論文を書かれていました。地球上では、あるとき細胞の核になる遺伝子情報をもった細胞と、それを守る生物が合体して単細胞生物ができたといいます。そして単細胞が多細胞になって役割分担をするようになって、やがて高度な脊椎動物や人間のような脳を持った生物が発生します。そのような生物の発展が、ある時期に急激に起こっています。それはなぜか。地球は宇宙を飛び交う宇宙線にさらされていますが、太陽風が地球をバリアのように取り囲んで、地球上の生命を宇宙線から守っています。ところが、太陽活動の周期にともなって太陽風が弱まると、宇宙線が地球上に降り注ぎます。それによって生物の細胞のゲノムがきずついて、一つだった細胞が二つになって……という仮説について、丸山先生は天文学者と一緒に研究されていたのです。

生物の発展の時期と太陽活動の周期が妙に符号するので、生物が発展した年代の地層に宇宙線が降ったという証拠となる物質が見つかれば、仮説の証明に近づきます。それを研究してみる価値がありそうだという話を丸山先生は「ヨハネ」生にしてくれました。石黒君は、そのお話に刺激を受けて、ゲノムへの興味を深めていきました。

「ヨハネ」卒業後は慶應義塾大学環境情報学部に入り、さらに大学院に進んで、現在は、同大学院の政策・メディア研究科特別研究員として、また東京大学先端科学技術研究センターの研究室にも所属して研究に打ち込んでいます。

「ヨハネ研究の森」では、作家の井上ひさしさんをはじめとする文化人の方々、それから大学や研究所の先生がたなど、各分野のさまざまな方を特別講師としてお招きして、ご指導をいただいてきました。その道の大家、権威という方よりも自分たちと同じように、常に疑問を持ち、常に新しい領域を解明していこうという貪欲な気持ちや姿勢を感じさせてくれる人に「ヨハネ」生はあこがれています。さきほどお話しした丸山茂徳先生は、二〇〇三年に「ヨハネ」がアルフレッド・ウェゲナーの大陸移動説について研究したときに熱心に牽引していただいて以来、ずっと「ヨハネ」をご指導いただいています。そして、ここ木更津でお話をしてくださるほかに、さまざまな貴重な機会を「ヨハネ」生たちに与えてくださいました。

たとえば「ヨハネ」生は、丸山先生のお取り計らいで、日本進化学会の学会に丸山先生の講演を聞きに行くことができました。普通、学会といえば高校生が参加することはできません。でも当日は、丸山先生の講演のほかにも「興味があれば、いろいろな先生がたの報告を聞いたり質問したりしていいよ」というお取り計らいをいただきました。当日、そこでいろいろと刺激を受けた「ヨハネ」生の一人・姫岡優介君は、生物を研究したいと東北大学理学部生物学科に入りました。そしてそこで、どうも生物学での生物の説明が曖昧だということで物理学科に転科して、物理を使って生物を捉えようとします。

その後、今度は東京大学大学院に行って、金子邦彦先生の研究室で複雑系を使って生物を捉えま

丸山茂徳先生は10年以上にわたり、「ヨハネ」の子どもたちにいろいろな形で刺激を与え続けてくださっています。

学会、つまり学術会議は、大学の先生がたをはじめとする研究者や専門家が研究成果を報告し、議論を展開する場所です。「ヨハネ」生はそこで果敢に質問をぶつけて、先生がたを驚かせています。

す。そこで書いた学位請求論文（博士号の学位を受けるために大学に提出する論文）はアメリカ物理学会のウェブサイトに掲載され、東京大学からは一高記念賞（たいへん優秀な研究業績をあげた者に与えられる）を授与されました。二〇一八年の春には、現代物理学の父と呼ばれるニールス・ボーアの名を冠した、デンマークのコペンハーゲン大学ニールス・ボーア研究所の研究員になりました。

かねて「ヨハネ」に何度も見学に来られている倉石寛先生（元灘中学・高校教頭、立命館大学教授）が姫岡君の研究者としてのずば抜けた才能に感心し、先生の教え子である朝日新聞の記者の方に声をかけてくださり、姫岡君は朝日新聞で「若き天才候補」として大きく紹介されました。その時の記事は、「朝日新聞　姫岡優介」で検索していただくと、朝日新聞社のホームページ上で見ることができます（二〇一九年十月現在）。また、姫岡君はAbema TVでも紹介されました。そのときの模様は本校のホームページで見ることができます（「アベマ　暁星国際　姫岡」で検索　同）。

さらに続けます。

丸山先生のお話を聞いた「ヨハネ」生のなかに、地元山梨県の公立中学ではけっして学校の成績が優秀というわけではなかったようですが、なにしろ好奇心が旺盛という生徒がいました。その「ヨ

姫岡優介君による報告。yusuke himeokaで検索すると、彼がすでに世界的な研究者として活躍している様子がうかがえます。ご自身のホームページもありますので（ただし英語です）探してみてください。

ハネ」生・早川太基君は、源氏物語の世界に強い興味をもって「ヨハネ」にやってきました。古文を題材にしたマンガを読んでいた早川君は、やがて原文を読んでいるうちに、そこに出てくる漢詩を使った言い回しに興味をもちました。そして本校の図書館にある、数十巻に及ぶ『中国古典文学大系』を片っ端から読みはじめ、その全部を暗唱してしまうぐらいに幾度となく読んで、ついに自分で漢詩を書くようになりました。

本格的に韻をふんだ作品を書くようになって、さすがに「ヨハネ」の先生がたも指導ができなくなり、日曜日に特別外出許可をもらって、東京の湯島聖堂で開かれていた漢詩の講座に出かけていきました。

その講座では、中国文学の第一人者である石川忠久先生が漢詩を教えておられました。早川君はそこで「君はぜひ東大に行きなさい」と言われましたが、東京大学に入るにはたくさんの科目の勉強をしなければいけません。そこで当時、石川先生が学長を務めておいでだった二松学舎大学に入ります。二松学舎大学は「漢詩甲子園」とたとえられる漢詩コンクールを主催していて、早川君はそこで一度ならず金賞を受賞します。

いろいろな大学から「うちへ来ないか」という話があったと聞いています。結局、彼は京都大学の大学院へ行きました。ただし、そこでも「できすぎ」て、しかも研究者というよりも漢詩の作者

「ヨハネ」生に講義をする早川太基君（上）。早川君も検索をすると、中国の新聞や学校のサイトなどで紹介されているのを見ることができます。古代中国の音楽や楽器にも造詣が深いです（下）。

としての才能がぬきん出ていたため、すこし居心地が悪い思いもしたようです。早川君はその後、北京大学への国費留学を果たし、そこで論文を書いて博士の学位を取得しました。現地のテレビにも取り上げられて出演しました。

「ヨハネ」の軌跡を振り返るうえでは、やはり二〇一一年の東日本大震災を抜きにすることはできません。

地震の起こった年、「ヨハネ」では年間テーマとして東日本大震災に取り組みました。どうしてあんな大きな地震が起きるのか。地震のメカニズムは実のところわかっているのか、津波の大きさと揺れの大きさとは相関があるのか。そして原発です。福島第一原子力発電所の事故による汚染の除去は可能なのか、原発に代わるエネルギーは考えられるのかなどなど。

震災のときには電気やガスのほかに水道も止まりました。そこで水を自力で確保して、そして調理をすることはできないかということに興味を持った「ヨハネ」のグループは、地元千葉に伝わる掘り抜き井戸の工法である「上総掘り」に関心を寄せ、実際に見学に行って調べたうえで、この学園の敷地のなかでどこなら水が出そうかを検討して、塩ビパイプを地中に入れて実際に水を出すところまで体験をしました。そして、自然界にあるもので水を濾過する方法を調べ、火打ち石で火をおこして調理をしました。

そのほか、近所の農家にボランティアに行って収穫を分けていただき、いざというときにどうやって生活をするか、それから減災防災や復興など、いろいろな角度から取り組みました。

当時、丸山先生は、超党派の「原発対策国民会議」の勉強会に呼ばれて講義をされました。津波は沈み込んだプレートが跳ね上がって起きるとされているけれど、プレートはゴムのような弾性体ではなくて剛体だから、跳ね上がるのではなく「割れる」のだと丸山先生はお考えです。そしてプレートが割れることで、ちょうどたらいがひっくりかえるように、プレートの上の土砂が海底地滑りを起こすことで巨大津波は起きたのだと、そこで話されたそうです。ほかにも地下水汚染対策としての遮蔽壁のあり方などについてもプレゼンをされました。それら一連のお話の材料をそのままもってきて、「ヨハネ」生に話をしてくださいました。そのときの丸山先生の講義の内容や「ヨハネ」生と丸山先生の質疑応答、彼らの感想などが一冊の本にまとまっています。『3・11本当は何が起こったか：巨大津波と福島原発―科学の最前線を教材にした暁星国際学園「ヨハネ研究の森コース」の教育実践』という本です。ぜひご覧ください。

そして、その一連の震災に関する研究を通して、頁岩《けつがん》から発生するシェールガスと呼ばれる天然ガスの研究を志した「ヨハネ」生がいます。坂井田翔平君は早稲田大学創造理工学部に学び、さらに大学院に進みました。そしてそこで研究室の先生に「学ぶ意欲」を高く評価されます。いわゆる優秀な学生はほかにもいましたが、坂井田君は学ぶ意欲を強く持っていて、しかも人と一緒に研究しようというマインドを備えているということが高く評価され、その先生がかつて留学したアメリカのテキサスA&M大学の大学院へ入ります。テキサスといえば資源の本場です。またそこは、敷地内に飛行場があるような巨大な大学です。そんな、アメリカでも何本かの指に入るような大学へ、坂井田君は学費、生活費、そして自動車まで大学から提供を受けて入学しました。しかも、大学院生でありながらリサーチアシスタントという職位で迎えられました。これは、まったく前例がないことだそうです。

本校は、最近、丸山先生が二〇一六年に立ち上げられた国際津波防災学会に法人会員として入会しました。二〇一八年十一月には、東京・渋谷の国連大学にあるエリザベス・ローズ国際会議場というホールでその第二回総会が開かれ、そこで「ヨハネ」の先生が「ヨハネ」での津波教育への取り組みについて発表しました。会場では日本語・英語の同時通訳が行われた、文字通り国際的な学術大会です。そこでおそれ多くも、研究者の発表に対して「ヨハネ」生が挙手をして質問をしたところ、「あまりにも素晴らしい質問なので、来年もまた来なさい」というお話をいただきました。また。「ヨハネ」でいい研究がまとまったら学術誌への掲載も考えてくださることになりました。そして、「ヨハネ」での取り組みを国際津波防災学会の分科会の活動として扱わせてほしいというお話もいただきました。どういうことかというと、お話を聞きたい先生や専門家を「ヨハネ」にお招きして話をしてもらうときは、それに必要な予算を学会が出してくださいます。その代わり、研究成果を学会で発表するようにというお話です。

最初は高校生枠のポスターセッションから、そしていまは学会員としての参加へと、「ヨハネ」生

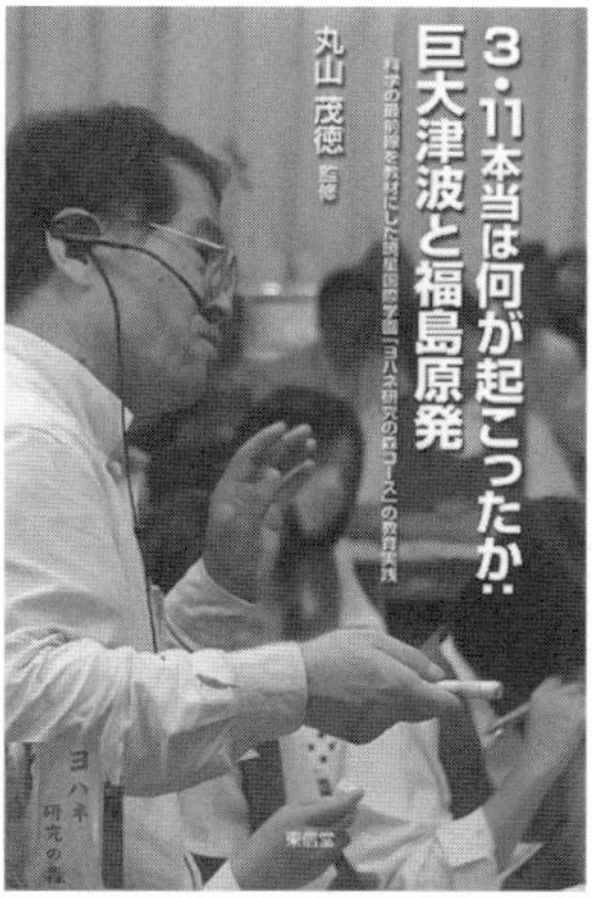

『3・11本当は何が起こったか:巨大津波と福島原発—科学の最前線を教材にした暁星国際学園「ヨハネ研究の森コース」の教育実践』(丸山茂徳監修)東信堂

たちは学術の世界で確実に存在感を増しつつあります。

スーパーグローバルハイスクール・アソシエイト

「ヨハネ研究の森」は、二〇一四年に文部科学省のスーパーグローバルハイスクールのアソシエイトの指定を受けました。スーパーグローバルハイスクールというのは、これからの時代に世界の舞台に通用する人材を育成しようということで文部科学省が国内の高校を指定する制度です。

文科省はスーパーグローバルハイスクールにさきだち二〇〇二年にスーパーサイエンスハイスクールとスーパーイングリッシュランゲージハイスクールという制度を設けています。スーパーサイエンスハイスクールの指定を受けた高校では、以前から「ヨハネ」の生徒たちがやっていたような、学校の理科の授業をかなり本格的に発展させたものに取り組んで、学会で発表したりしていました。実際に高校生が論文を書いたり研究して発表したりして、大学が行うような科学者のたまごの養成を高校で行って成果を出しています。ところがスーパーイングリッシュランゲージハイスクールのほうは、一言で言えば英語を強化する学校をつくろうとしたのですが、確かに英語の力はつくかもしれないけれど、それで実際に国際人が育っているのかという部分に疑問の眼が向けられていたのです。

全国スーパーグローバルハイスクール課題研究発表会、通称「SGH甲子園」でのポスターセッション。テーマは「文明と天災〜私たちが東日本大震災から学んだこと〜」。

スーパーグローバルハイスクール全国高校生フォーラム2018に参加。「数学モデルに基づく科学技術開発の重要性と今後の教育のあるべき方向性」をテーマに、英語でプレゼンテーションを行いました。

つまり、英語を一生懸命勉強しているだけでは、国際舞台で活躍するような人物にはなりません。そこで、語学も含めて、社会への関心や解決能力やコミュニケーション能力なども備えた、世界で活躍する人材を育てようというテーマのもとに設けられたのが、スーパーグローバルハイスクールです。

そういう人材を育てるためのプログラムを展開する学校は名乗りをあげるようにということですので「ヨハネ」も応募したところ、「内容は意欲的でたいへん面白いが、予算を配分するには規模が小さい」という回答が返ってきました。予算の配分を受けるためには、学校にある程度の規模が必要だというのです。確かに、指定を受けたほかの学校は国立大学の附属高校や私立の大きな進学校で、それに比べると「ヨハネ」は高校生全学年を合わせても数十名という規模ですから、いたしかたありません。結局、本校はアソシエイトという形で指定を受けることになりました。具体的には、予算は与えられないし、また教育課程上の特例を認めることもできないけれど、スーパーグローバルハイスクールの趣旨に沿った方向への取り組みを実施してもよいし、スーパーグローバルハイスクールの行事への参加も認められます。先生がたはフォーラムや協議会、生徒たちは「スーパーグローバルハイスクール甲子園」やグループディスカッション、また大学の先生にも見ていただいて講評をいただくことができるポスターセッションなどにも参加する機会を手に入れることができました。

大学との連携協定

スーパーグローバルハイスクールとして文部科学省から指名を受けるための条件の一つに、大学と連携協定を締結していることがあります。さきほどお話ししたように、本校は二〇一四年に大阪大学の国際公共政策大学院と協定を結び、貧困や格差をはじめとする国際問題に取り組んでいます。

最近では、芝浦工業大学とも連携協定を結びました。芝浦工業大学はさきほどお話しした大学教育改革の一環として、世界の大学と連携してプロジェクトベースドラーニングを展開しています。たとえば、「フィリピンのある村には街灯がない。そこで設置するためにはどうすればいいか」というプロジェクトを設定し、電気を専門とする立場、道路建築を専門とする立場など、さまざまな立場の学生が集まって、実現に向けて検討を進めていきます。一般に大学の工学部に入ると、その中でさらに電気、土木、建築、機械と専門に分かれていきます。すると、細分化されたその道の専門家になれても、隣接する分野の人たちと一緒に何かを進めていくという部分の訓練がなされないのです。ところが実際に企業に入ると、プロジェクトはさまざまな部署と連携を図りながらでなければ進めることができません。そんな現実的な力を身に付ける意味で、芝浦工業大学ではプロジェクトベースドラーニングに力を入れていて、入学すると全員が必修です。最近では海外の大学とも連携協定を結び、電話会議やスカイプなどで話し合いを行ったりしています。

なお芝浦工業大学は、英語での授業を始めることにしました。立命館大学国際関係部など、近年、中国からの留学生や帰国子女、インターナショナルハイスクールの卒業生を受け入れるために英語で授業を実施するところが増えていますが、理系の学部としては初めてではないでしょうか。

話をもどすと、芝浦工業大学ではプロジェクトベースドラーニングを推し進めていくうえで、従来型の教え込み型の学習ではなく探究型、協働型の学習になれている学生がどんどんほしいということになりました。そして、どうもそれは木更津にいるらしいということになって、本校へ視察に足を運ばれました。世の中がどんどんこちらを向いています。

当日は副学長の先生に来ていただき、講義までしていただきました。そして双方、ぜひ連携協定をということになり、昨年六月の調印式には、教頭の大下宏和先生がのぞみました。

海外での活動

スーパーグローバルハイスクールとして文部科学省から指定を受ける条件の一つに、海外プログラムの実施があります。私たちは「ヨハネ」卒業生の保護者であり本校後援会長をおつとめの方の

芝浦工業大学でのワークショップに参加して、AI（人工知能）は人間を超えることができるのかをみんなで考えました。

連携協定の調印式にのぞんだ大下宏和教頭（左）と、芝浦工業大学学長の村上雅人先生（右）。「ヨハネ」生は、大学の授業や研究室での活動にインターンとして参加することができます。（画像：芝浦工業大学）

ご協力を得て、カンボジア、中国、ミャンマーで海外研修プログラムを実施してきました。
カンボジアへは二回行き、貧困な村を訪れて、ボランティアと調査を兼ねて、長距離を歩いての水汲みのために学校へ通えない子どもたちがいる村での井戸掘りや、ゴミの山の中で生活をしている人へのインタビュー、孤児院の慰問や日本語学校の見学などを行いました。希望者を募り、夏休みなどではなく学期中に実施しています。

日本にもどってきてからは、カンボジアの民主化と日本の民主化の違いを論じ合ったりしました。たとえば、「歌」をめぐる議論です。日本は明治に入って廃藩置県を実施しましたが、その際に明治政府はヨーロッパのいろいろな歌を翻訳して文部省唱歌として普及させました。その文部省唱歌が人々の意識を「藩の人」から「日本の人」へと変えていき、国民意識の醸成に寄与したのだという研究があります。いっぽう、カンボジアの子どもたちには、みんなが一緒に歌える歌がなく、学校でも音楽の授業がありません。そういう事情が日本とカンボジアの民主化の違いに影響しているのではないかという研究をしている「ヨハネ」生がいます。

ほかにも、過疎化が進んだ集落のために先進国が投資してメコン川に橋をかけようとしても、カンボジアの人々にとってそれは必ずしもありがたいわけではないのではないかという研究もあります。こうした研究は、連携協定を結んでいる大阪大学で、学部生や大学院生に交じって発表する機

カンボジアでのボランティア活動を通して、国際支援とは何かをみんなで考えました。

ミャンマーでは、同行した経営者団体のお取り計らいで、経済界の要人へのインタビューに挑戦することができました。

会をいただきました。

また、中国・大連の日本語学校へ行き、日本での就職を希望している学生にインタビューをしたり、企業の採用面接に参加させてもらったりもしました。通訳を通して質問をしたり、直接英語でやりとりをしたりした「ヨハネ」生もいました。

中国では、北京大学・清華大学・中国人民大学の中国人大学生選抜メンバーとのディスカッションにも参加しました。人民大会堂に入った初めての日本人高校生だったそうです。

近年、日本との関係が深まっているミャンマーへは、日本の経営者団体のみなさんに同行して行き、現地でミャンマーの経済の状況と課題について聞きました。経済界の要人の方にインタビューをしたり、ミャンマーの国民的な芸術家の博物館に行ってお話をしたりし、調査旅行として充実したプログラムとなりました。

震災の地へ

こうした学校の外での調査や活動の一環として、東日本大震災の復興プロジェクトにも参加しています。さきほどの後援会長の方のお力添えを得て、復興プロジェクトに研修として社員を派遣する会社の現地行きのバスの中に「ヨハネ」生の枠をつくっていただいています。高校生ですから、

中国の名門大学である北京大学・清華大学・中国人民大学、その選抜メンバーと果敢に議論を繰り広げる「ヨハネ」生。

大連では、剣道を通して現地のみなさんと交流を図りました。

現地へ行ってもできることはかぎられていますが、気付いたことを積極的に行っています。廃駅に着いてトイレ休憩をしたときには、トイレを自分たちで清掃しました。最初に社員の方々が始めると、「年上の人たちにばかりやらせてはいけない」と「ヨハネ」生たちも始めます。帰ってきた生徒が報告をすると、じゃあ今度、自分たちが行くときには率先してやろうという話になります。

最初に釜石を訪れたときは、鉄板の入った厚底の靴をはき、ヘルメットと防塵マスクを着用しました。寝泊まりはテントです。最初は、屈強な高校生の男子しか連れていきませんでした。何度目かに訪れた山元町は南三陸や釜石とちがって町の規模が小さいので、復興の手があまり及んでいませんでしたが、積み上がった瓦礫を除去して更地にもどして桑畑にして、そこでとれる桑茶を袋詰めにして売って地域の収入にというプロジェクトや、杭を打って柵をつくってポニー牧場をつくるプロジェクトのお手伝いをしました。

高校生である彼らにとっての貴重な経験の一つは「拒絶」ではないでしょうか。「よく来てくれた」と喜んでくれる人や、「私もあなたぐらいの孫がいたのよ」と泣いてしまう人もいるいっぽうで、「高校生がなにしに来たんだ」と言われて途惑う場面もありました。最初に南三陸に行ったときも、「そのへんのゴミを拾わないでくれ。拾えば金になる。おれの仕事をとらないでくれ」と言われて衝撃を受けました。高校生にとって、拒まれるというのは強烈な経験でしょう。営業に行った先で邪険にされながら鍛えられる。そんな経験をするのはまだ先のことです。

それでも何かできることはないかと、現地へは毎年足を運んでいます。あるとき仮設住宅で『ふるさと』を歌ったら、人が集まってきて、涙を流しながら聞いてくれました。仮設の区民会館があるので、来年はそこで歌おうということになりました。現地ももうそれほど危険ではなくなってき

東北・山元町でのボランティア活動の模様。ポニー牧場のための柵打ち（上、中）や桑畑の整備（下）にあたりました。

たので、最近は三十人ぐらいで行って肉体労働をして、帰るころには区民会館でコンサートを開くのが恒例となっています。みなさんが喜んでくださり、逆に炊き出しをしてもてなしてくださり、そこで「またきてくれたのねー」「あの子はもう卒業しちゃったの？」という声が聞かれるようにもなって、地域とのつながりも深まりを見せています。

カトリックの学校に響く聖歌

「ヨハネ」は全寮制で、通学生は一人もいません。しかも、学年ごとではなく縦割りで学びをしている時間が多いこともあるのでしょう。先輩の卒業は、兄弟とのお別れのようにつらいものとなるようです。

「ヨハネ」が最初に卒業生を送り出すとき、みんなで歌を歌おうよということになりました。以来、今年の卒業生にはこの歌を送ろう、それなら卒業生のほうはこの歌でお返しをしようと話が弾んでいきます。そのうち、丸山先生が来てくれたときにも歌おうと、だんだん話が大きくなっていったので、私は学園の入学式や卒業式のときに聖歌隊として歌ってくれないかとリクエストをして引き受けてもらいました。カトリックの神父としてもたいへん嬉しいことです。

すると今度はそれが保護者の目にとまって、老人ホームで歌ってくれないか、木更津や館山の教

山元町での「ふれあい交流会」。現地を訪れる回数を重ねるごとに、人々との気持ちのつながりも深まりを見せていきます。

会で歌ってくれないかと話をいただくようになりました。そして最近では、東北を訪れた際にいわき市の大きなコンサートホールや、除染のためにはげ山になったいわきの山での野外コンサートなどを開いています。

保護者の方からのご提案で、レコーディングをしてはどうかという話が持ち上がり、学園のチャペルでプロのエンジニアの方や演奏家の方に来てもらって録音を行いました。その折り、そのエンジニアの方がおっしゃいました。「この仕事をしていて、自然に涙が出たことが三回あります。一回めは初仕事のとき、二回めは大好きなミュージシャンの録音を担当したとき、そして今回が三回め

三四朗さん（サクソフォン）をはじめとする演奏家のみなさんにも参加をいただいて録音されたCD『未来への希望』

木更津教会でのコンサート。

東北・山元町でのふれあい交流会で。

王子ホールでのリハーサルの模様。

です」。

「ヨハネ」の聖歌隊は、二〇一六年三月には、東京・銀座四丁目にある流麗なたたずまいの王子ホールに聖歌を響かせました。

「ヨハネ研究の森」に入るときと出るとき

「ヨハネ」の入学試験はＡＯ入試です。「ヨハネ」生がふだん研究のために読んでいるような本の一部を読んで、わかったことを文章にまとめてもらったり、ごく基本的な算数などの問題を出して、ここで一緒にやっていく適性があるかどうかを見ています。最初からすごいレポートを期待したりはしていません。最初から基礎学力が完璧であることも期待していません。そこそこのことを書く力、そこそこの学力があれば、ほぼここでの生活に耐えられるでしょう。

あとは面接を重視しています。なぜここに入りたいのかを訊ねますので、塾や学校の先生や親に吹き込まれた美辞麗句を並べるのではなく、素朴でいいので自分の言葉で語ってほしいと思います。体験入学のときに「ヨハネ」生と一緒にサッカーをやったときにとても楽しかった。自分を楽しませてくれるようにプレーしてくれて、とてもかっこよかった。あの先輩のようになりたいと思ったので入りたいです。それでもいいのです。あこがれをもつことが大事なのではないでしょうか。

ヨハネ研究の森では、合気道が必修です。昇級昇段の審査会（下）や、演武大会（上）にも参加します。

まずは先輩にあこがれる、そしてその先輩がたがあこがれるものに自分もあこがれていく、すると大学に行くというのは目的の手前のことにすぎないことがわかります。「かっこいいなあ。どうしてそんなに勉強するんですか?」「○○先輩みたいになりたいからだよ」「○○先輩はなにをしている人なんですか?」「□□□だよ。ああいう人になりたいんだよなー」そんなふうに気持ちが語りつがれていく文化が「ヨハネ」生のなかに育っていってほしいと思います。

特殊な学校ですし全寮制なので、原則として最低一泊は体験入学をしてもらっています。それでOKだという感触が持てたら「出願資格」があることになります。

最後に、これはよく受ける質問ですが、大学受験対策はどうしているのか。基本的にはAO入試や推薦入試で大学に入っていきます。こういう「学び」を重ねているので、AO入試でアピールしたりプレゼンしたりするネタは一人ひとりが山ほど持っているし、一つひとつのレベルも大学の先生が驚いたり喜んだりするほどのものばかりではないでしょうか。

私は前回の本の中で、「ヨハネ」生が大学に入って先生がたを驚かせているという話をしました。あれから11年、彼らは花開いて、彼らも「ヨハネ研究の森」も、もしかしたら世の中の役に立つかもしれない……、そんな思いに目を細めています。

第七章　贈る言葉

不憤不啓

聖ヴィンセンチオ・パウロや聖ドン・ボスコは、「仕事が有意義なものであるほど、それだけ危険や困難が生じてくるものである」といった。現在、わが暁星小学校においては、待望の特別教室増築工事が、着々と進捗している。着工に至る長い過程においても、色々な困難にぶつかり、幾多の障害が立ちはだかった。

しかし、父兄や同窓生をはじめ、多くの方々の尊い犠牲、献身が大きな力となって、見事に開花したのである。心の一致、協力は力である。衷心より、厚く感謝を申し上げたい。

特別教室には、画期的な施設が計画されている。理科室として、実験室、標本室、児童研究室等があり、屋上には、実験栽培園が設けられる。

また、図画工作室としては、美術室、木工電動室、彫塑、染色コーナーを配した教室がある。体育館は、縦二十メートル、横十六メートル、高さ七・六メートルの立派なもので、室内球技施設や器械運動具等が完備される。

その他、大音楽教室は特筆に価する。騒音防止の二重窓を施し、音響効果を高めるため、天井を高くし（六・五メートル）、適所に反射板、吸音板を用いて設計されている。以上は、ほんの二、三を紹介したに過ぎないのであるが、児童の知・情・意の発達に欠くべからざる近代的諸設備が完備していることは、何といっても、大きな美果を生む必須の条件であり、これの完成に、多大な期待を寄せるものである。

しかし、どんなに教室が立派で、すぐれた施設が整っており、近代的なすばらしい教育が行なわれたとしても、児童にそれだけの心の準備・気構えがなければいけない。意欲が必要である。「教育は贈り物と同様である」といったのは、ジョン・アダムスである。児童に受けとる意志のない時は、贈り物とはならないのである。

校長室の扁額の文字には、

「不憤不啓」

とある。「憤せざれば啓せず」とでも読むのであろうか。「憤」とは気持ちがもりあがること。「啓」は教えることである。すなわち、自ら心に求め、疑問の解決に向かって情熱がもりあがるようにならなければ、教えないという意味である。

これは論語の中のことばであるが、続いて、

「不悱不発。挙一隅不以三隅反、則不復也」

とある。有名な啓発教育という語の出典である。つまり、教育というのは、無いものを与えるの

ではない。潜在しているものを引き出し、それに眼を開かすことである。児童に意欲・情熱・類推力のない限り、端的にいって、やる気がない時には、成り立つものではないのである。孔子はこの教育理論をしっかりと把握し、子弟を発憤せしめたのである。児童の意欲と教師の情熱とが積極的に一体となって、はじめて、教育の成果が得られる。

学校の評価は外観によるものではない。このことを銘記しなければならない。どんなによい施設を誇ってみても、児童の質的向上なくしては、意味をなさない。このすばらしい教室、完備された施設が、児童の学力の増進、人格の育成に大いに貢献し、明日の日本を背負うに足る善き人間となるよう、祈念してやまない。

（一九六六年・昭和四十一年十一月「エスポワール」）

苦しみは人間を鍛える

文化・文明が高度に発達し、人間の技術が一層進歩すればするほど、人間の生活にはゆとりが生まれ、人間の精神生活は向上するようになります。生活が安定し、人々が健康になり、肉体的労働の一部を機械に託して、疲労度が減少すれば人々をして、より形而上的な、より高尚な思惟的行為へと成長させることができます。

技術不足・欠陥は、人間の精神性、神秘性を余りにも貧弱ならしめます。文化・文明・技術の発達は、すべての人間に、もれなく最小限度の安定した生活を保証するでしょう。これがなければ、人間は道徳を実践し、人格は完成を果たすことができなくなります。このように考えると、技術は、すべての被造物同様、それ自身すぐれたものであり、また、人を神に導く間接的な要素となるものですが、それを悪用すると、精神は堕落します。

沈黙の生活、観想的価値を排斥し、知恵を廃物とした実用主義は、欧州に大きな不幸をもたらしたと、ジャック・マリテンは述べています。ぜいたくと安逸な生活は、たびたび、人間をして、物質的満足のみに走らせ、魂の霊的優位を保つ配慮を害し、宗教的真理の憧れと理解とを、ことごとく除き去るのです。真理によって心を養うには、犠牲を要します。飛躍するには、困苦に耐え辛苦辛酸をなめなければなりません。「艱難汝を玉にす」という格言は、今でも立派に生きています。

さゆり会の目的は、自分をたかめ、他人をたかめることにあります。一つの善業、一つの善業を実施する時にも、いろいろ困難にぶつかります。この人間社会に生を享けている限り、苦闘すべく運命づけられています。いかに文明が進み、技術が発達しても、魂が成長するためには、たゆみない忍耐と犠牲が要求されることを銘記しなければなりません。

現代人は、苦行の価値、特に沈黙と謹慎の徳が要求する苦行の価値に対する理解力が、衰えつつあります。節制の意義が忘れられようとしています。自分の弱さからくる欲望、利己心を克服して、心に神を宿し、これを神に捧げることからくる苦しみの意義は、今では、遠い過去の遺物になろうとしています。

この自然的な地上生活をしつつ、天を仰いで、超自然に生き、神と語り、より高い人間になることが、私どもさゆり会の会員に課せられた使命の一つでもあると思います。

（一九六六年・昭和四十一年九月「さゆり」第五号）

全人の形成

人間は身体と霊魂の合体されたもので、それらが分離した時には、人間の実体を失います。人間を幼い時から教育するのは、この霊魂の機能と身体の機能との発達を並行させることに、主眼がおかれています。

悲しいという感情は、身体の病気が原因になっていることもあれば、精神の自律的欠陥、または、心身の憔悴が原因である過労からくることもあります。心身は、同時に鍛えなければなりません。

人間の形成、人間的円熟の条件の一つは、身体の健康にあります。その健康を維持し、増進することが、身体のトレーニングの目的の一つでもあります。

戦前にくらべて、身体が大きくなり、かつ、丈夫になったことは、現代の日本人の特徴の一つでもあり、青少年がよく勉強し、知識が豊富であることも事実です。しかし、単に物知りであるというのでは、意味がありません。感情が円熟しなければなりません。私どもの感情が自然の法則に順応し、精神には真の美を、そして霊魂には真の価値判断の能力を与えるようになり、情念が理性と同様のものを志向するようになれば、感情は円熟したといえます。

次に知恵の円熟をはかり、純化し、真っ直ぐに事物をあるがままに明白にするようにしたいものです。知恵が真理に根ざすとき、精神の均衡は保たれたといえます。そのとき、知恵は、正しい人間を作ったということができます。

本質的にいって、知的育成の目的は、多くの思想や事実を商品化して、頭につめ込む、いわゆる、物知りを作るのと同じものではないということです。価値に序列をつけ、私個人としての本分がどこにあるかを理解し、さらに、主要的なものと、付随的なものとの識別ができるようになることにあります。偉大な人間として、最も渇望すべきものは真理であることを、把握するところにあります。

現代の人々は、生活が複雑化したために疲れ、真理探究の情熱を失ってしまっているようです。人間は時流に流されて、自分自身の目的を追及できなくなっています。与えられたこと——最低限の規制と規律をまもることが最もたいせつであると考えます。合理的でない行為は、何の意味も持ちません。

望むべきものを望み、実行すべきときには、実行しなければなりません。そういう努力からこそ、いろいろな障害にぶつかっても、くじけず、雄々しく克服していく強い意思の力が生まれます。しかして、それが全人的完成の原動力となります。私どもの意思は、限りなき善以外には何も望みません。

神は人間一人ひとりに、ユニークな才能をお与えになりました。これは、人間がこの地上に存在している限り、その恩恵を通して、ユニークな使命が託されていることを意味します。個性のあるユニークな人間として、成長するように努めましょう。

人間の終極目的たる永遠の生命に向かってまいしんし、社会的に有為な人間になり、キリストの弟子として、精一杯、献身的にその生命に生きつつ、この現世を送りましょう。

（一九六六年・昭和四十一年九月「さゆり」第五号）

ばらの雨

さゆり会の六年の歩みとその成功の秘訣は、会員の皆様の寛容と奉仕の精神からほとばしる友愛そのものであると思います。過去の成果はすばらしいものでした。会長をはじめ役員の方々、すべての会員が実行された犠牲と善意の花びらは、暁星を訪れた人々、日本のどこかの片隅にある方々に、こころよい想い出となり、神様のみ手の中に消えることのない宝となって刻ざまれていることでしょう。今日までの皆様の暖かい善意と惜しみない奉仕に対して心から感謝を捧げます。

道はなお遠く、理想はあの崇高な富士山よりも高くそびえております。焦らずたゆまず、乱れることのない、その歩みを続けてください。さゆり会の愛の花が一人でも多くの人の上に咲きますように願っております。

●ばらの雨

一八七三年一月二日、北フランスのアランソンに生まれた小さき花のテレジアは、一八九七年九月三十日にその短い生涯を閉じました。

「わたしは天に昇りましたら、地上にばらの雨を降らせましょう」

これは彼女の臨終のことばでした。日常生活におけるどんな小さな喜びも、またどんな悲しみもすべてが神様のお恵みとして感謝し、忍耐したテレジアらしい美しいメタファーです。テレジアにして、はじめていえる大きな、しかも生きたお恵みの隠喩でもありました。そこには人間に対する底抜けの善意と愛情が充溢しています。

テレジアは別にこれといった大事業を完遂したわけではありません。それがどんなに小さなことがらであっても、りっぱにやり遂げようと絶えず努力し精一杯実行の中に生きたのです。毎日の小さな仕事の累積、それはあるいは取るにたりぬことのように思えるかもしれません。しかし、彼女の善意、実行は神様の大いなるお恵みに浴したのでした。

テレジアの偉大さは己の犠牲的感謝の生き方に徹底したことと同時に、全人類のために生きたことでした。いいかえれば、人類を愛し人類のためにも救霊の渇望に生きたといえることです。生来、病弱だったテレジアがとりわけ結核で二十四歳の生涯を終えるまで、自己の苦痛を忍耐する犠牲を捧げることによって、布教活動の成功を熱烈に祈ったことなどは、自己を無にして全人類への愛に生きたりっぱな証拠といえましょう。それ以来、神学校や宣教会の保護の聖女と仰がれるようになったのも、うなずけます。

ボヘミアの教育思想家であり、宗教家であったコメニュースは人生の長さを、その人がなし遂げた仕事によってはかろうとしました。この観点に立てば、テレジアこそ最も短い肉体的生命の中で生きた精神的長寿者ということができましょう。私たちはこの精神的人生の長さによって、その人を評価しなければなりません。

「言うことは易く行うは難し」。テレジアが聖女の域に達するには、幾多の困難試練に堪え抜いたことか、ここには常に神様に自己を捧げた者の強靱な精神があります。こんなテレジアでしたからこそ、直接に教皇様にお願いしてカルメル会修道院に入ろうとしたのでした。十五歳のときのことでした。父マルチルが同僚と連れ立って、ローマに巡礼の旅に出たとき同行したテレジアは、勇気を出して教皇様にお願いし、神様のみ旨によってめでたく修道院に入ることができたのでした。わずか十五歳の少女にして、この勇気ある行動をとったことに心から敬服せざるを得ません。

中国の易経に「積善の家には余慶あり」ということばがあります。テレジアの偉大さはその資質によることはもちろんですが、それにもまして家庭環境が彼女を育てたのです。両親も熱心な信者でした。九人の子どもに恵まれましたが、すべて神様のお恵みとして感謝し、さずかりものとして敬虔に喜び、そのすべてを神様に捧げたほどでした。すばらしい家庭、見事な宗教的躾の中で、テレジアの資質はいっそう磨かれ成長し、光輝をはなつことになったのです。いいかえれば、この両親のカトリック的善行こそ、聖女テレジア誕生の母胎であったといえましょう。

私たちは環境と子どもの養育について、常に反省し思考する必要があります。そしてこの聖女テレジアの心を糧として、毎日の仕事に精を出し、神様を愛し、人類を愛し自己を愛して、より信仰を深め、永遠の生命に生きるべく努力したいものです。

●大人の反省

世の親たちは例外なくその子どもたちに良い生活をさせたいと心の底からねがいます。今日、いい生活をするにはどの道を選ぶのがもっとも無難でしょうか。いい会社に入ってサラリーマンになり、年々昇給し、地位も昇進し課長に、部長に、さらに重役になり、可能ならば社長になりたい、そこに人生の安定と幸福があると信じ、そのために必死の努力をします。

その目的、その念願を果たすためには、良い大学を卒業しなければならない。一般的には社会や会社が学歴を要求しており、しかも学歴には学校の格差意識がちゃんと入っている、ということになると親が学校を選ぶのは、まず最終目標に焦点を合わせて、それに従って順次に下の方へねらいを下げてきて、大学・高校・中学・小学校それに、あきれたことには今日幼稚園にまで降下してきているありさまは周知の事実です。

このような親の願望を満たすために、最愛のわが子を入学試験の厳しい戦場へむりやり追いやります。有名校の門は狭く戦いは激烈です。激しい戦闘で生き残った傷だらけの若者は、やっと目的地コースにたどりついたかと思う間もなく次の戦闘が開始されています。

その学校には教育はない。教育の根本となる人間をつくる教育など入り込む余地はまったくないことも確かです。このようにしてでき上がった人間が社会のはつらつとした進歩と発展の支柱となり得ないであろうことも確かなことです。このような社会で混沌としている環境の中でこそ、人間を造ることを実施しなければなりません。

教育が社会に及ぼす影響は相当の年月を経たあと現れますが、社会自身が子どもに与える影響、教育に対する影響は即時的なのです。

まことの教育は良識のある両親と教師、それに真っ直ぐな社会が必須条件であり、そこからこそいい人間が育ちます。教育を正すにはまず、社会を、社会の大人が自分自身を正さねばならないということです。

親が不正でその行為が邪悪であるなら、その子どもに正しい人間像を期待することはできません。子どもは教育を受ける権利を有し、教育をあたえる義務を大人はもっています。現代の教育が大人の姿であると考えることができるなら、今日の教育云々と非難することはできないでしょう。今日の教育が満足すべきものでなく、批判の対象であるというならば、その前に大人の自己反省がなければなりません。

しかし、大人たちは生活に忙しく自己反省というような精神活動はなかなかやりませんし、苦手のようです。教育を正すということがいかに困難なことかわかりましょう。しかも教育の正常でないことの影響と被害を受けるのは社会であり、大人自身なのです。彼らが愛する子どもなのです。

ゆがめられた教育の現代、子どもがどんなに犠牲になっているかを、われわれは反省してみることが、今日大人の課題であり、それが社会正義要求であるのかもしれません。

千代田区のある中学生の一人が書いた、自分の越境入学についての作文の一節に「正直は昔はよかったが、今は通用しないと母がいう。ぼくもそう思う」とありました。この親にしてこの子ありといわれます。有名校へ越境入学といった人間性の欠如はあたりまえのことになりました。教育のない教育が、その社会が、可愛い子どもたちをとりまいています。

われわれは現象の奴隷になってはいけません。現象を追いかける生活の今日、テスト屋が横行繁盛し、子どもは日曜休日を棒にふり、遊ぶ時もなくテスト屋のとりこになっています。こんな状態が社会の当然の結果だと見逃しておられるでしょうか。

この現状をよく観察して、その原因をつきとめ、良い現象は発展させ、好ましくない現象は根本的解決をはかることに努めねばなりません。しかし、こんな現象がすべてを支配しそうです。そこで現象に追従することが実際的であり、賢明であるとする考え方が、一般的に非常に強いようです。

こんな中でたちむかうには大きな勇気がいります。長い時間がかかります。そういうめんどうなことを避けると、どんなことになるでしょうか。わかりきったことですが現象は拡大し、派生さえしていきます。子どもたちの受験地獄や越境入学という問題だけをみても、それに対決しようとする勇気がある人がどれほどいるでしょうか。こんな現状の中で育っていく子ども、大人たちは真に幸福になれるでしょうか。またそんな人間によって幸福な家庭、正しい社会が形成されるでしょうか。期待はできません。

●人間の創造力

人間の歴史はいくたびかの破壊と建設とのプロセスであります。その建設の時代には人間のもつ偉大な創造的な力がみごとに発揮され、破壊の時代にも悪い意味での創造力が発揮されることがあります。昭和二十年八月六日と九日の原子爆弾はそのよい例でしょう。その創造力は天才的といわれる人たちの働きに負うところがこれまで多かったようです。

しかし現代の混沌とした世を救出するためには天才の現われを待つのではなく、人々各自の中にある能力、神様が恵まれたタレントを発揮し、これを創造的な活動に発揮させなければなりません。この自覚を一人ひとりが持たなければなりません。そして、その時代への適応精神に関しては積極的でなければなりません。

従来のものの見方考え方に従うことは一応、心理的には安心です。その安心ムードから一歩出て前進しようとする生き方は、長い間生き続けてきた思想や習慣をくずすことで、恐ろしく不安であり危険でもあり冒険でもありましょう。

しかしわれわれ人間は前進すること、飛躍することが最大の義務であり、進歩は運命づけられています。新しいものへの創造的精神や不確定なものへの冒険こそ、現代に生きる我々に要請されているものでありましょう。この冒険性の中には、最高の英知をもつ人間の賢明さと慎重さがなければなりません。

文明文化の生活の中にあって、新しいと思われていることが、いつの間にか古くなっています。古くなった固定観念に満足しているか、あるいはそこに満足できないで先に進もうとするか、そこにおのずと違いがでてきます。それは探求心です。この探求心を旺盛にするために、各自人間に刺激をあたえることになります。

創造的な力は特別な人にだけ賦与されたものではないようです。人であるかぎり、すべての人のもっている生存の力がそれでしょう。真に自己を実現し、より高い価値へと発展することは、人間の基本的な生き甲斐であり、人格的な欲求でもありましょう。

以上の人間形成とその成就のためには、ただ上から与えられるものを単に受け入れるだけでは足りません。まず各自が神様の与えられたタレントを自覚し主体性を確立して、万事に堂々と対決し、新しい視野から観察しなければなりません。

ものごとの枝葉末節でなく根本を把握すべきでありましょう。庭師が思いきって枝を切り捨てるように、取捨選択は思い切ってなし、常に本質的ものごとをしっかりと握って、くよくよしないことです。今こんな状態にある、反抗期にある、学習が不十分であるなどとあくせくしてはなりません。ロングスケールでものを見て、大局的観点に立っていることです。

今日は寒い、今日は湿度が高い、今日はぐあいが悪い、今日はおもしろくない等々でわたしたちの今日の大切な仕事や本質的な義務をゆるがせにすることは許されません。毎日の生活の中には種々の困難や厚い壁があります。そのときこそ大局的見地から勇往邁進することです。

現状にあきたらない精神をもち、新しいものへの憧れ、義務と責任に対する忠誠と持続性、忍耐の中に自己の目的に前進する決意を堅持した人間でなければなりません。

●勇気

私たちのすることにはすべて二面があります。これは人間自体が不完全な存在であり完成されたものではないからです。行う善行にも予定する事業にも共鳴者ばかりではありません。反対者がありります。必ず困難がともないます。これは人間社会に横たわる真実です。さゆり会の前途にも困難があり、批判があるかもしれません。こんな時に私たちの心底に眠っている勇気をふるい起こして前進しなければなりません。

今までの実績をふまえ、さらに、私たちのさゆり会を偉大な光輝あるものとするために、会員すべてが一致協力し、発展させて、そこに集まる人々が新鮮な雰囲気をかもし出し、渇く人々がのどをうるおすように、疲れた人が癒されるように、失望した人が勇気をとりもどす泉、はてなく湧き出ずる泉であるように、みなさんの勇気と努力を熱望するしだいです。

（一九六七年・昭和四十二年「さゆり」第六号）

小さな一灯

フランスのカンカール州に、ジャンヌ・ジュガンという一人の貧しい女性がいた。彼女は、わずかな給料の中から、せっせと貯金をしだした。四十歳にして、六百フランのお金をためた。彼女は日雇いの生活をつづけながらも、身寄りのない老人の世話をはじめた。一八四〇年、ル・バイユール師の指導のもとに、サン・セルヴァンにおいて、新しい修道会を設立した。これが Petites Soeurs des Pauvres ——つまり、「貧者の小さき姉妹会」である。

長者にして、愛の精神を実行した人は多い。しかし、彼女のような貧者の一灯ほど、人々の心をうちはしない。

彼女のこの貧しい一灯こそ、強い信仰に裏付けられた愛のともしびといえよう。与えることに、献身の中に、イエズス様の使命を実践した彼女こそ、真の意味で、受のよろこびを知った人ということができる。この愛徳の教えこそ、キリスト教のもっとも清らかな花である。

パスカルは、著書『パンセ』の中で、次のようにのべている。

「イエズスは、世の終わりにいたるまで、苦悶したもうであろう。われわれは、その間、眠っていてはならない」

と。イエズス様の現世における一生は、愛の実践である。

「なんじら相愛すべし。わがなんじらを愛せしごとく、なんじらも相愛すべし」

とおっしゃった。

物質的に恵まれない人、身体的に不自由な人に対する愛の行為、与えることの善業の意義をよく考えてみる必要がある。ともに神様から作られた人間なのである。僕たちが神様のお恵みを感謝し、日々の生活を充実したもの、意義のあるものとして認識する時、不幸なお友達に対して、しあわせをわかち与えたいという願望がぼつぼつとしてわいてくるのである。

この与えることのよろこびを教えられたのはイエズス様だけではない。釈迦、また然りである。ケネディも説いた。ケネディは与えることによって、自己の進歩と幸福とを願った偉人のひとりである。

わが暁星学園においても、毎月のお小遣いの一部をさいて、慈善事業に協力している。特に、小学生の小さな善意は、不幸なお友達をどんなに勇気づけ、彼らに生きるよろこびと平安とを与えていることか。

強制による善業ではなく自発的に、率先して協力を惜しまない姿は、ほんとうに美しい。ほんとうに尊いと思う。少年たちの小さな一灯は、長者の万灯にまさるものである。

この慈善活動こそ、先輩たちが営々として築いてきた暁星のよき伝統の一つである。このすばらしい伝統は、立派に受けつがれさらによりよいもの、より立派なものに発展している。諸君の愛徳に対して、真心をこめて、「ありがとう」を申し上げたい。心から拍手を送るものである。

諸君が慈善会活動を通じて、ささやかではあっても、小さな一灯にしかすぎなくとも、積極的に、自発的に援助し、激励し、なぐさめることの意義は大きい。

この清らかな友情、善意のある行為を支柱として、さらに深くお互いを尊重する、お互いを認め合う、お互いに助け合う美しい心を育てていただきたい。

暁星小学校で身につけた美しい心は、そのまま社会人に成長した暁においても、暁星精神として、大きく社会に貢献することと思う。

宮沢賢治の「雨にも負けず」の詩に見られる博愛精神は尊い。「あらゆる生物に、ほんとうの幸福をもたらしたい」と願った彼は、一生を犠牲と奉仕に捧げたのである。

諸君の慈善会活動――この暁星学園の宗教的、家庭的な雰囲気の中ではぐくまれた愛の精神、犠牲の美しさは、最初はどんなに小さな微々たるものであっても、やがては大きな愛の波紋となって、お友達から、多くの人々へと広がってゆく、その時こそ、暁星の愛の精神はみごとに高揚し、立派に開花するのである。

「なんじらが、わがこのもっとも小さき兄弟のひとりひとりになしたるところは、ことごとに、すなわちわれになししなり」

というイエズス様の教えは、すべての慈善の基礎である。

したがって、与えるよろこびの中に、勝者の優越感があってはならない。富める者の傲慢さがあるとしたら、これほど悲しむべきことはない。愛は人格的に表現されるとき、もっとも美しいのである。僕たちは、謙虚に、真心をこめて、愛と犠牲を実践しよう。それがすなわち、神様のお恵みに対する感謝の表明にほかならない。慈善会活動はかくあるべきものなのである。

（一九六七年・昭和四十二年三月　慈善会「会報」）

この純なるもの

アメリカの未来学者、ヘンリー・スティルは、『人間これからの三十年』という書物の中で、次のように述べています。

「三十年後には、宇宙服を着て、月のクレーターでダイヤモンドをさがすのが、ジェット機仲間のもっとも一般的なスポーツになるだろう」。速いかなたに、美しいもの、シンボルとしてあった月に、どんな宝物があるかは不明ですが、三十年後には、私どもも月に旅行し、月の石を見、その中に秘められているダイヤモンドを発見できるかもしれません。それまで生き続けたいものです。

うららかな陽春の訪れとともに、暁星学園幼稚園も創立二年め、新しい学年をスタートさせた喜びは大きい。

三歳から五歳までの百七十名の幼児の元気でいきいきとした生命力、日ごとにのびていく姿に、新鮮な感動をおぼえます。筆舌につくしがたい充実感、満足感を味わっています。

月の世界ではなくとも、私どもは、この神の傑作としての、神秘的な存在である人間——幼児たちの中に、はかりしれない宝物を発見できます。かれらの態度、ことば、そして汚れを知らぬ顔、淳朴そのものの心は、美しさに輝いています。私どもが指導する前に、このこどもたちは、おとなである私どもにたくさんのことを教えてくれます。この限りない宝庫である幼児たちに接して、その中に秘められているタレントをひき出し、善き人間に成長させることが、指導する者たちにとっての最大の義務であると信じています。したがって、先生がたは全能力、全才能を結集して保育に専念していただきたいと思います。

暁星には、暁星の伝統があり、個性があります。その伝統・個性を最大限にいかして、ここにつどうすべての人々に、暁星の香気を感じさせるような美しい学園にすべく努力していただきたいものです。

（一九七〇年・昭和四十五年四月十七日　暁星幼稚園会報「エトワール」）

小さき紳士たれ

●誠実に生きること

世界は一つです。風俗・言語・習慣の異なっている人種・民族の上に、真の友情の美しい橋をかけるのが、国際的環境に生きる私たちに課せられた使命であります。

人間が私心をすて、まごころをもって相手にぶつかるならば、道はおのずからひらけます。常に誠実に生きることがたいせつです。

他人をだまさない、うそをつかないことは生活の原則です。

イギリスの諷刺作家、スウィフトは、

「一つのうそをつく者は、自分がどんな重荷を背負いこむのかめったに気がつかない。つまり、一つのうそを通すために別のうそを二十発明せねばならない」といっています。より罪深い人間にならないためにも、この生活の原則をふまえて、小さな紳士になってください。小さくとも美しい精神の充実した人間に成長してほしいと思います。

品位があって礼儀正しい、しつけのよい人間に成長するとき、諸君は、接するすべての人に好感をもたれるでしょう。誠実の上に咲く美しい花は、まさに、世の光明となるにちがいありません。

●すべては神の前に

私たちは二重人格であってはいけません。常に正々堂々と生きることです。言動にしても、表裏一体であらねばなりません。

何かと誘惑の多い現代です。毒々しい華やかなもの、きらびやかなものがしだいに健全な精神をむしばみます。ともすれば心は悪に傾斜します。これは人間の弱さ、もろさといえましょう。

聖ヒエロニモに有名な伝説があります。

ある時、師が獅子の足にささったとげを抜いてやったところ、獅子はその後、ヒエロニモ師のそばを離れなかったというのです。これは師が獅子のごとき勇気をもって聖会のために戦い、おのれにうち勝ち、自己の欠点・悪欲のごときとげを抜きさるのに絶えず努力した事実を象徴した話だと思います。

真の英雄とは、師のような方をいうのです。アレクサンダー大王でも、シーザーでも、ナポレオンでもないはずです。

私たちは、常に鋼鉄のような強い意志をもって、善にはげまねばなりません。そして、いっさいの行為は、神さまの前でなされていることを認識しましょう。

善をなす私たちを見て神さまは喜び、悪をなす私たちを見て神さまは悲しみます。私たちはまず、神さまを悲しませない人間になるよう努力することがたいせつです。

●おわりに

世の中がどのように変貌しても、科学がどんなに発達しても、常に前むきの姿勢で前進し、努力しなければ人間は大成しません。苦しみに耐え、犠牲的に生きることなくして人間の成長はありえないのです。勇気をもって自己に課せられた義務を遂行してください。

小さなうそが人間を破滅させます。まず、自己の欠点や悪への傾斜にうち勝つことがたいせつです。そして、現実的、物質的利益を追うのではなく、常に永遠の生命、天に朽ちることのない宝を得るよう努力してください。

ことわざに「網無うて淵をのぞくな」とあります。準備なしには成果はあげられません。努力することがたいせつです。

（一九七〇年・昭和四十五年七月「エスポワール」）

学園祭によせて

金剛の露ひとつぶや石の上　　川端茅舎

秋の朝の、まだしめりを帯びた石の上に、たったひとつぶの露が輝いている。やがてはかなく消える露である。しかし、今は周囲にみなぎる光を一点に集めて、決して消えさることのない確乎とした存在であるかのように厳然と輝いている。茅舎はそれを「金剛の露」と表現したのである。私はこの露にたまらない魅力を感じる。この荘厳な輝きをこよなく美しいものに思う。

十一月ともなれば、そこかしこの学校において、盛大に学園祭が行なわれる。幾千幾百の学園祭の洪水の中で、暁星の学園祭は一つの小さな露ほどの存在にすぎないかもしれない。しかし、暁星の学園祭こそ「金剛の露」のようであってほしいと、心から願わずにはおれない。

学園祭といえば、とかく外面の華やかさにとらわれやすいが、そういう単純な物の見方しかできない人には、茅舎の「露」は理解されまい。学園祭のあり方について、深く考えてみる必要がある。

それが暁星の学園祭であるかぎり、特長が生かされていなければならない。すなわち、宗教的な雰囲気の中に、個性の輝いたものであってほしい。八十年の伝統が、細部にわたって、静かに、しかも、強く息づいている学園祭でなければレーゾンデートルはない。学園祭は単なるお祭りではないのである。暁星ボーイの知性と品性が見る人を楽しませ、さわやかな感動を与えるものであってほしい。そして、他校には見られない、創造性に満ちたものであってこそ、暁星の文化祭として相応しいものである。ただ漫然と参加し、数日を楽しむというのでは、あまりにもさびしい。わびしすぎる。面白さの中に、何かを考えさせるもの、楽しさの中に、創造する喜びを感じさせるものであってほしい。

学園に咲いたこの小さな花は、生徒一人ひとりの情熱と努力の結晶である。まさに一致団結は力であり、美である。目的に向かって、全生徒が総力を結集する姿勢は尊い。しかも美しい。汗を流して種を蒔いた農夫には、刈り入れの時期が待ち遠しい。待ちに待った学園祭ではあるが、この学園祭を通して得た教訓はしっかりと生かしていただきたい。反省すべき点は反省し、収穫は大切にしたいものである。

最後に、全生徒に対し、心からその労を多として、ここにおめでとうを申し上げ、擱筆する。

（一九七〇年・昭和四十五年十月　エトワール祭プログラム）

信念こそ美果を産むもと

はじめに——反省と感謝を

月日は容赦なく過ぎてゆき、希望の中にスタートした一学期も、まさに終わろうとしています。隣接のプールに、新鮮な水がみなぎり、みなもを渡る風がいちだんと強烈に光るころともなると、やがて、楽しい夏休みが訪れてきます。すず風につつまれて園児たちの眼は生き生きと輝きます。

三歳、四歳、五歳の園児たちは、この三か年間、楽しく幼稚園に通い、子どもなりにさまざまの体験を積みました。彼らが共同生活を通して、しだいに個人的生活から脱却し、規則という愛の掟に気づき、他人の存在をも認めて、愉快に暮らし、たくましく成長し、向上してゆく姿は、私どもにとって、限りない喜びであり、大いなる責任を感じずにはいられません。

一学期が終わる前に、私ども一人ひとりが、一学期になした努力を反省し、美果の収穫を喜ぶとともに、不足の点、いたらないところを補う研究と修養に努めねばなりません。そして、使命の遂行にまいしんできたことに対して感謝の念を新たにしつつ、楽しい夏休みにはいってゆきたいと思います。

痩せたソクラテス——心に火を、信念を持って前進を

親切心があって、貧乏な人にお金を喜捨したくとも、そのお金がなければ他人を助けてあげられません。自分が燃えていなければ、他人の心に火をつけることはできないのです。

すべての人間は、その長い生涯において、何度か苦境に立つときが必ずあります。きょうこれだけのお金がなければ、あすから工場の火が消えるということもあります。このような危急存亡のときに、助けてくれる人は、いったい、だれでしょうか。自己の力、自己の能力、自己の健康のほかに、囲りの人々です。それがお金のことならば、銀行に行って真情を吐露し、融資をたのむこともできれば、信頼するにたる人に援助を求めることもできます。話を聞き、事情を知った銀行員・知人・友人は、その人の信念と熱情に心を動かされて、お金を貸してくれるでしょうし、そのほか、できるだけのことをして助けてくれます。

このように善意の人々に助けられてその苦境を切りぬける話は、私どもの社会に数多くみられます。

立派な人間は、他の多くの成功者と同様に、他人の心の中に火をつけることのできる人であるといっても、過言ではないでしょう。

他人の心を動かすのは、その人の信念であります。

「肥ったぶたになるより、痩せたソクラテスになれ」といったのは、ジョン＝スチュアート・ミルです。人間は、自己の信念を捨てて豊かな生活にひたるくらいなら、たとえ生活に窮しても信念を貫いたほうが人間らしい、という意味であります。

「この仕事に自分はすべてをかける」といえるものを持つことが大切です。しかし、この信念は、決して一時的なものであってはなりません。たえず信念を強め、燃えつづけさせねばなりません。たえず燃えるとき、多くの人々がそれに共感し、動かされますから、人の心に火をつけ、人を奮いたたせることもできるわけであります。

自己と他人、自己と幼稚園、自己と家庭等々、私どもの社会は、たくさんの人的関係の上に成り立っていますが、自他の利害が一致しないときには、自己を殺しても他の人のために生きるだけの強い信念がなければなりません。そういう強い信念で他を愛し、ほかの大きい共同体を愛するようになるなら、人の心をうち、共鳴させ、共感をいだかせるようになります。

フランスの作家であり、文芸評論家であるロマン・ロランは、『トルストイの生涯』の中で、「愛は、それが自己犠牲であるときのほかは、愛の名に値しない」と述べています。

教育も仕事も事業もすべて同じで、自己の仕事に対する愛と信念、情熱に人はうたれます。そのとき、仕事が円滑に運ぶよう、援助の手をさしのべる人が必ず出てくるものです。

セールスの仕事に誇りを持ち、セールスを愛しているセールスマンには、お客のほうがセールスしやすいよう手助けしてくれると聞いています。セールスの秘密は、「お客にセールスを手伝わせよ」ということにあるといわれていますが、これは信念のしからしむるところであり、銘記すべきであります。

人間の生活は、常に自己中心的に展開されてゆくものですが、他人や仕事を中心にして生活を展開してゆくならば、おのずから道は開けるものです。しかして、人の心の中に火をともすには、「ともに暮らす」共同生活が最高にして、最良であります。悲喜哀歓をともに分かち合う気持ちが互いに通じてはじめて、火だねはつぎつぎに人の心に点火してゆきます。

聖パウロは、この地上にキリストの愛の火をともしつづけるために一生を歩む決意で生活し、それ以外には何も望みませんでした。私どもは、暁星幼稚園に学ぶ園児の一人ひとりの心の中に、この火をともしつづけたいものです。そのためには、私心を殺した愛の火が燃えつづけていなければなりません。

終わりに——夏休みを有意義に

皆様、なにとぞこの火を燃やしつづけながら、夏休みを有意義にお過ごしになり、実り豊かなものにしていただきたいと思います。

なお、私はマリア会の総会に出席するため、約三か月、留守にしますので、誌上をおかりして、暑中の御見舞いを申し上げます。

「ボン・ヴァカンス!!」


(一九七一年・昭和四十六年六月二十八日「エトワール」)

ご降誕の原点にかえって

人口三十五億のこの地上、全世界に、せわしない師走が訪れました。木々の紅葉を観賞したのも、ついきのうのように思われるのに、小春一転、のめり込むように冬となり、街を行く人々も外套のえりを立てて、なんとなくあわただしい極月風景です。

さて、現今の変動激しい社会を直視するとき、価値観の相違が親子の断絶を生み、人々は相互不信に苦しみ、そこにあるのは、利己主義と虚無主義、不安・頽廃の泥沼です。愛のない、信仰のないところに真の平和・幸福もありえないのであります。しかし、この師走こそ、喜びの福音——メロディーの流れるときであることを忘れてはなりません。

全世界の信者は、クリスマスを祝い、謙虚に自己を省み、神の子としての三省と、今後を生きる決意を新たにすることでしょう。未信者の心にも、何か楽しい、神の愛のかげりがしのび込むのではないでしょうか。

子どもたちが、「ジングルベル、ジングルベル…」と無邪気に明るく歌うときにも、神のお恵みが心にしみるものです。

全世界がクリスマス一色になるこの十二月を、私たちは主体的に受けとめ、大いなる喜びと感謝の月にしたいものです。

キリストは、「私を信じる人が闇にとどまらないように、私はこの世に光としてきた」とおっしゃいました。

クリスマスは、この光を賛美する荘厳な儀式であり、喜びのうたげでもあります。

キリストのメッセージは、断罪のメッセージではなく、救いの、解放の、喜びのメッセージであります。

聖夜、貧なるがため、夜も眠らないで羊の番をしていた牧童たちと同じような境遇にある人も多いことでしょう。この貧しい人に、また、心の痛む人、戦争のために苦しんでいる人、正義に飢えかわく人の心に、幼子キリストがお生まれになるように祈りましょう。

そして、まずしい馬小屋に、子どもの「かたち」をとって現れたご降誕の真の意味を理解し、愛ゆえに神が人間となられる、この驚くべき玄義を、謙虚に、深い信仰と大いなる愛をもってかみしめねばなりません。キリストが身をもってお示しになられた素直さ、善良さを、わが心として生きるように努めたいものです。

クリスマスを迎えるにあたって、私たちは、このご降誕の原点にかえることがたいせつです。ジングルベルの狂想曲にのって、三角帽子が乱舞する街の喧騒と狂態は、私たちと無縁のものであります。静かな祈りと反省の中に、ご降誕の大いなる愛と喜びにひたりましょう。そしてキリストが、私たちに望まれる改心に努め、善業の実行にまいしんしましょう。

十二月二十五日、この日私たちは、心の鐘を高らかに鳴らしたいものです。砂漠のような都会で、生活に疲れ、人間不信の中に生きている多くの人々の心に、「私たちのために、きょう救い主がお生まれになりました」と誇り高く知らせたいと思います。事実、神の子キリストとの出会いなしに、私たちの真の生き方はありえないのです。この聖なる月に、邂逅のもつ意味に思いをはせ、改めて確認したいものであります。

（一九七一年・昭和四十六年十二月「エトワール」）

永遠の生命に生きる

六か年の歳月が流れ、ここに小学校卒業の時が訪れた。長い人生からみると、わずか六年、永遠に存在する神様の前にはほんの一瞬間である。しかし、約八十年の平均的人生しか持たない我々人間一人ひとりにとっては、じつに貴重な六年間であったと思う。

この六年間はさまざまな思い出のあやなす時期である。楽しかったこと、苦しかったこと、両親や先生にほめられたり、しかられたり、成績がよかったり、悪かったり、サッカーや運動会で勝ったり負けたり、それに長い休暇――夏休み、冬休み、春休みがあったかと思うと、厳しい長い学習の時があったのである。楽しい遠足・旅行もしたけれども、つらい試験の時もあった。

ギリシャの哲学者は「万物は流転する」と教え、限りある人間界はすべて変転し、かくて人間歴史が形成されていくことを説いている。この六年間は、我々の人生にとって小さいけれども個性的な歴史の一ページとなったのである。

そこで我々一人ひとりは、何を得たのであろうか。宗教の授業、ミサ、その他の教えを通して我々の心の中に、何か限りないものへのコンタクトがあったと思う。

現今の激動する人間社会を凝視するとき、限りないものへのあこがれ、限りない美しいものへの深い渇望を覚えるのである。また、フランス人とも接し、フランス人の特性をいつのまにかわかるようにもなった。この永遠のものへの渇望、生活の中で体得した知恵こそ、我々日本人が広く大きく生きるために必要な二大エレメントなのである。

我々は厳しい人生の歩みの中で善をなし、悪をさけ、永遠の生命に生きねばならない。

さらにまた、狭い日本に生きながら国際的に活躍し、全世界の人々と苦楽をともにし、ともに手をつないで生きていかねばならない。

日本人のすぐれた頭脳を利己的に経済的に生かすだけでは日本は発展しないのである。その国、その地域の文化を理解し、その国のことばを話さねばならない。日本は小さな国であるけれども、精神的文化的には大国であらねばならない。そのためには、洗練された国際的センスを身につけることがたいせつである。

聖パウロは、幼時には幼子のように少年時には少年のように考え、それに適したものを飲み、食べて成長していくと述べている。中学校での生活、これは生活、学習自体も自ら考え、自律的に努力し実行していかねばならない。自主的自律的生活こそ進歩と成長の根本的ポイントなのである。

このことを銘記して、大きな喜びがあり、自覚があり、進歩のある中学生としての生活を送っていただきたいと思う。

卒業していく六年生の諸君、ほんとうにおめでとう。

（一九七六年・昭和五十一年「卒業文集」）

心に響く確かさ

それはエトワール祭をまだ文化祭といっていたころの、ある年の祭典のことである。演劇班は「いつまでも続くお話」(逍遥)と「海彦山彦」(有三)の二本を上演し、仏語班は「田舎のねずみと都会のねずみ」を、英語班は生徒の創作劇である「危険な男達」をそれぞれ上演した。また英・仏弁論大会も盛大に催され、暁星の伝統と特色が企画にも現われて充実した内容に脈々として流れていた。ずしりと心に響く確かさがあった。その他種々の催しにも、まぎれもない暁星八十年の顔があった。

人間の顔にも、形態上、美学上、さまざまなものがある。しかし、問題は先天的なものではない。四十を過ぎれば、人間は自分の顔に責任を持たなければならない。いかに考え、いかに生きたか、精神の闘いが、魂の苦悩が、知性の輝きがその顔に集約されるからである。

人間の顔がその人自身によって作られるごとく、学校の顔もまた、教職員・生徒・ご父兄によって作られるものである。したがって、我々一人ひとりが学校の顔に対して責任を持たなければならない。現在の諸君は、いくたの先輩の築いた名声のぬくもりの中に生きているが、その恩沢をより大きなものとして後輩に残す義務がある。そのためにも、八十九年の歴史を生きる一員として、現在を精一杯に努力している証左としてのエトワール祭にしなければならない。ニーチェは「我々は歴史を生と行動のために必要とするのであって、生や行動から安易に背を向けるために必要とするのではない」(『反時代的考察』)と述べている。この学園に学ぶ諸君の「生」と「行動」がいかなるものであるか、十目の期待に応えてほしい。

暁星八十九年の歴史と伝統と実績が、現代的意義をもって開花した、そういうエトワール祭でなければ、レーゾンデートルはない。昨年のそれよりも更に充実した、創造美に輝く祭典であってほしい。進歩・向上するのが人間の姿である。

今年のエトワール祭のポイントは何か、まずそこを明確にしなければならない。明確にし、強調することによってアクセントをつけ、盛り上がりのある、すばらしいエトワール祭になることを期待する。

全校生徒が打って一丸となり、協力し、実践し、そして仕上げた協同作品、それがエトワール祭であるならば、来校される人々の心に、暁星の歴史と現実は大きな感動をもって訴えるはずである。

最後に、楽しい夏休みを犠牲にし、献身的に準備した実行委員に敬意を表するとともに、これに協力した多くの生徒諸君の労苦をねぎらいたいと思う。そしてこのエトワール祭が、今後の暁星の新たな前進の第一歩となることを祈念してやまない。

（一九七七年・昭和五十二年十月　エトワール祭プログラム）

暁星国際高等学校設立について

今日、わが国の政治・経済・文化など各方面にわたる国際活動の進展は、海外駐在者の急速な増大をもたらし、それら子女の教育問題の解決が深刻かつ緊急な課題となっております。

このため、政府は文部・外務両省を中心として、昭和五十年に海外子女教育推進の基本施策に関する研究協議会を設けて、問題の検討に当たりました。

その結果、帰国する子女を受け入れて、これに必要な適応教育を行うことを主たる目的とする私立学校の設置に対して、昭和五十二年度以降助成措置を講ずることを決定しております。

また、民間経済界においても、海外駐在者子女の教育問題解決のための国家的配慮を強く要望するとともに、受益者として費用負担を行う動きを示しております。

こうした社会の要請にこたえて、暁星学園はキリスト教的教育理念を基調とした新しい時代の国際人養成を目的とする学寮制高等学校を設置することに致しました。

本学園は、明治二十一年カトリック・マリア会修道者によって創立され、以来星霜を重ねてここに九十周年を迎えました。

当初数名の教師と生徒によって発足した学園も、今日幼児・児童・生徒二千余名となり、卒業生も数千名を数え、それぞれ社会人として各方面で活躍しております。

本学園がこれまでの伝統のなかで培って参りました国際的性格と、全国でも群を抜いて多くの帰国子女を受け入れてきた結果は、社会が大いに評価しているところと信じます。

今回新設する暁星国際高等学校は、こうした実績と経験を生かし、地域社会との調和の上に立って国際化時代に即応する人材の育成を期するものであります。

（一九七九年・昭和五十四年　同窓会誌）

輝かしい生の証を

新しい学年が始まりました。

美しい桜の花も散って、新緑のみずみずしい春の訪れとともに、幼稚園にも新しいお友達の入園によって新鮮な生命が生まれ、毎日が活き活きしています。

園舎も庭園の木々も、池の蛙も、皆生命に充ちて輝いています。園児たちも大人も生を謳歌し、充実した躍動の中に生きられることをうれしく思います。

ペトロの代理者ヨハネ・パウロ二世が日本の土を踏まれたのは、二月二十三日午後三時過ぎでした。わずか四日間のご滞在でしたが、教皇様はやはりスーパー・スターでした。マスコミをあれほど熱中させ、多くの人々をテレビ・ラジオの前にくぎづけにし、そのすばらしいメッセージは、私たちに強烈な印象と永遠に消えない思い出を残してくださいました。

教皇様が私たち一人ひとりの胸に平和の心と深い愛を落として、大きくて重い歴史の一ページを作って、風のごとく日本を去られて二か月後に、私たちは、またもや偉大な聖女をお迎えできる幸せに恵まれました。

愛の使徒マザー・テレサの来日です。彼女はインドの星と仰がれ、多くの人々の尊敬と崇拝の中に、毎日を神様の愛の実践に努力されています。

マザー・テレサは、「神の愛の宣教者の家」の創立者であり、一九七九年のノーベル平和賞の受賞者でもあります。

インドのカルカッタといえば、インドの中ではもっとも貧しい町で、人々の大多数は住むに家なく、道路をすみかとして生活しています。そこには家庭のあたたかいだんらんなどはなく、あるのは、飢えと死だけです。

親や兄弟にも見捨てられた子どもたち、死に瀕して、だれにもみとられずに、蟻と野ネズミに食われて死んでいく老人、ハンセン氏病に悩む人、これらの人々に接してその救済に立ち上がって三十年。

マザー・テレサは、瀕死の人たちを「死を待つ人の家」に収容し、誠心誠意看護し、人間らしい死を迎えることができるようにしてあげたり、飢えに泣き飢えにうめく子どもには食物を与え、裸の子には着物を着せ、人のいやがる汚穢・悪臭の中で率先して働いたり、それこそ、毎日をキリスト様の心に生きています。

私たちは、このだれにも愛されない人々への奉仕に終わる毎日のもつ意味を、重く深く考えてみなければいけません。

二十二日午後一時、成田空港に降り立ったマザー・テレサは、英語で次のメッセージを読み上げました。

「復活祭の季節に日本に来られてほんとうにうれしく思います。インドでは、忘れられ、見捨てられ、悲しみに打ちひしがれた人たちのために、私のシスターたちも一生懸命に働いております。日本でも貧しい人たちのために、キリストの愛を知って、お互い愛し合っていくことが大切だと思います。愛は心の清い人に与えられます。平和と喜びの一致のうちに生きることができるよう、愛が浸透しますように、心からお祈りします」

この一年、隣人を愛し、隣人と喜びを分かち合うすばらしい年にしたいと思います。

人間の幸福は他人を幸せにすることにあります。キリスト様の全生涯は、御父神様の意志を果たすこと、人間のためにすべてを捧げることにありました。

キリスト様の復活は、人々のために生命を捧げ、その使命を果たされた結実であったのです。

この一年が、神様に祝福され、マリア様の子どもとして、誠実で有意義な年たらしめるよう努力し、反省と前進、犠牲と奉仕のうちに、私たちの生の証を輝かしいものにしたいと思います。

（一九八一年・昭和五十六年四月五日「エトワール」）

暁星国際中学・高等学校の目指すもの

一、極限への挑戦

私たちの青春は一度しかありません。中国の詩人、王粲のいうように、「金縷の衣は再び得べし。青春は再び得べからず」です。

申すまでもなく、私たちの人生は私たちの双肩にかかっています。私たちは人生を楽しいものにしたいと思い、かけがえのない人生だからこそ、平和で有意義なものにしたいと熱望します。

長い人生が楽しく、社会のため、国家のため、大きく人類のために役立ち、光となるためには、刹那的な享楽におぼれることなく、神様から与えられた能力、自己のタレントを最大限に発揮しなければなりません。

若いとき、中学・高校時代は六か年ないし三か年しかありません。この短い期間に、確かな自己発見に努め、自己の限界・極限へ挑戦しなければなりません。

神様から与えられた能力を自分の中に眠らせ、墓場まで持っていくことは、神様に対し、両親に対し、また自分自身に対しても最大の罪悪と考えるべきであります。豊かな物質文明を生きる少年たちが、一時的な楽しさ、気ばらし、テレビ・ラジオ・音楽に魅了されたとしても、これを全面的に否定するものではありません。しかし、そこには、おのずから限界があります。

私たちは、少年たちが全寮制の中学・高校において、人生の第一段階として自分自身の極限に対して挑戦しうるチャンスを与えたことを、大いなる誇りと考えております。

限りない真理の探究を目指し、善と美とに向かって歩むのが人間の姿であります。私たちには、神様から託されたタレントをより大きく伸ばし、多くの人々のために活用する使命と責任とがあります。私たちのタレントは十人十色ですが、自己の存在・能力に対して感謝の念を抱き、日々ベストを尽くし、日進月歩、人生を意義あるものとしなければなりません。この全寮生活の中で、少年たちが自分自身を凝視し、自己発見に努め、さらに大きく飛躍することを、心から祈念するものであります。

二、努力の厳しさなくして進歩はない

ありとあらゆるもの、人間の物質的、精神的創造、スポーツ・生活の全領域において、努力なく完成するものは一つもありません。忍耐が必要なゆえんです。バイブルは、人生は闘いであると、一言で私たちの一生を要約しています。

人々は、身体の成長のために食べ、運動します。健康を維持し、美容を保つために節制もします。毎日駆け足をする人もいます。自己との闘いです。私たちは、毎日何かをもぎ取り、吸収することによって進歩し、向上していくのです。

外国語・日本語、理数・社会の勉強にしても、努力と忍耐がいります。努力と忍耐がいるゆえに、その成果にも価値があるのです。徹底した学習が、私たちの長い人生の基礎――人々のため、広く大きく国際的に生きるためのいしずえとなることを銘記すべきであります。

三、けじめある生活の中で得るもの

少年たちは、全寮制のもと、共同体の生活の中で自己を発見し、他人を知ります。自分を克服し、自己を超越することを学ぶものです。ガブリエル・マルセルは、この地上生活の中で大切なことが

二つある、といいました。神に出会い、すばらしい人間に出会うことだというのです。

少年たちが、この出会いを、恵まれた自然環境と、温かい雰囲気に包まれた木更津の学園において成長させ、大いなる美果の実現に努力してほしいものです。

生徒・教職員が生活をともにし、苦楽を分かち合い、共同の作業・学習・スポーツを通して相互に認識を深め、尊敬し合い、助け合う、これがアリストテレスのいう生活共同体であります。

ともに学び、ともに楽しみ、けじめある生活の中で確かな人生の基礎を築くことが大切です。人生の目的、自分自身の目標・理念を掲げて、その実現のために不断に努力し、可能な方法を駆使してまいしんすべきであります。

坦々とした道ではなく、自ら進んで険しい道を選び、汗を流し、合目的的に生きなければなりません。人生という大海に出て頼れるものは、自分自身の力、信念だけであります。確固たる強い信念は、毎日のたゆまない生活、努力する態度から生まれるものといえましょう。

四、お礼をかねて

暁星国際中学・高等学校を設立して、はや二年半の歳月が流れ去ろうとしています。設立にあたり、幾多の困難・障害を乗り越えて献身的にご尽力を賜わった「暁星歯学会」の方々に、誌上をお借りして、満腔の謝意を表するとともに、今後のご指導・ご鞭撻・ご協力を衷心よりお願い申し上げるしだいです。

（一九八一年・昭和五十六年九月　暁星学園会会報）

小学校・女子クラスの開校式を迎えて

聖パウロは、ある時、天来の光を受けて新しい声を聞きました。

「ノウア　ベーラ　エレジス　トミヌス　神は新しい戦いを択ばれた」彼は、一生神様が択ばれた新しい戦いに挑戦して、最後の血を流すまで戦い続けました。

いま暁星国際小学校・暁星国際中学・高等学校女子クラスの開校式にあたり、新しい学び舎に参集し、この式典に臨んでいますと、同じ声が聞こえてきます。「新しい戦いが私たちに与えられる」と。

あらゆる自然が、この春の到来とともに息吹き、私たち一人ひとりに、聖パウロの天来の声と、新しい時の到来を告げています。

大切なことは何かと言うと、第一に、心の決意だと思います。この決意・心構えというものは、一つの意識革命です。

その決意を、キリストは「一生懸命やれよ、ひたむきにやれよ」と、おっしゃっておられます。第二に大切なことは、常に前進しなくてはならない、何に於いても前進するんだということです。聖パウロは、バイブルの中で教えています。「私の歩いた道は、決して無駄ではなかった。私の歩いた道は、一生、砂漠の中の真っ白な砂の道ではなくて、必ず砂の上にずうっと足跡が残されていた。…人間の足跡が、果てしなく続き、それを歩き終わらせることが、私たちの義務である」と。

人は、何に向かって前進するのでしょうか。

神の似姿として創造された人間は、心の静寂、知識や美への追求、感性の喜びを求め、善き人として成長するために、前進するのです。

第三に、私たちの行動の原点として哲学を持ちましょう。

哲学の原点とは何か、バイブルは神を愛し、人を愛し、真理を愛することである、と言っています。

ここに集うすべての人が、神を信じ、人を信じ、すべてを希望し、相互に愛し、赦し合い、理解し合って、真理の使途となり、あるいは世の光、地の塩となって、世を照らす存在になられることを希望して止みません。

最後に、ガブリエル・マルセルは、「この地上生活の中で大切なことは、神に出会い、素晴らしい人間に出会うこと」の二つであると、言っています。

神様は、私たちに健康な身体を、そしてかけがえのない美しい魂と心をお与えくださいました。

私たちは身体の成長のほかに心の成長も遂げなければなりません。この出会いの中に人は喜び、至高への歩みを続けるのです。全ては過ぎ去り、私たちの周りの天地万物は過ぎ行き、留まるところを知らないのが日常です。

しかし、神の言葉は消えることがありません。

神に感謝。


（一九九五年・平成七年四月）

「暁」によせて

1．暁星国際学園の目指すところ

『私が完全であるように、あなたがたも完全になりなさい』と、新約聖書は目標を提示し、『完全になるために神を愛し、隣人を自分のように愛しなさい』これが律法の完備であると教えています。

私が「完全」になることは、人生の終幕を閉じるまで到達することはできませんが、「完全の頂上」を眼前に掲げ、眺め、汗を流し、歯をくいしばり、より高所に歩一歩ずつ進んで行く、その人生修養の歩みの過程の中にこそ幸せがあると思います。

それが人間の究極的目標であり、暁星国際学園の教育の目指すところでもあるわけです。

2. 暁星国際学園の教育の本質

お互いに理解し合い、尊敬し合い、信頼し合うこと…。

究極的に人間と人間が向かい合い、人間の中に秘められている神聖な、神の画を直視し、礼拝する心構えを育むことが教育の本質です。それは認識・理解・尊敬・信頼の中に人間の尊厳を認め合う、これが暁星国際学園の教育の真髄です。

愛情の中に厳しさがあり、言葉の中に尊厳と信頼があります。行動の中に心服と喜びがあります。それ故、愛情あるところに暴言・暴力は存在しないのです。

言葉、行い、礼儀作法の正しさは内的美しさを自然のうちに育んでいきます。このような明るく豊かな環境の中で、教師も生徒もより大きく成長し、至高への存在に接近することが可能になります。

より高い理想に向って進め、進め、みんな進め。快い汗の中に至福があることを理解しよう。そのプロセスに教育する者、される者の成長があるのです。

3. 個性を伸ばそう

よく十人十色とか申します。私たち一人ひとりの人間は神様の創造の御手の中にあります。人間は最大限の可能性を持った存在であることは疑念を挟む余地はありません。

松尾芭蕉の句に「よく見れば　なずな花咲く　垣根かな」というものがあります。健気に咲いている小さな花を、教育に携わる者がいかに多く見過ごしてきたかと思うと、慚愧の思いで胸がふさがれます。

教育の原点は、一生懸命咲いている花を見出し、愛でてやることだと思います。その咲いている花の一つひとつに限りないタレントが詰まっています。泥にまみれた石くれの中に、ぴかりと光る才能を見つけ、研磨していくことが教育なのです。

一つの輝きをさらに研磨し、その光の中でその人の欠けた部分を被覆してやるのが、教育の使命なのです。伸びる芽を精一杯伸ばしてあげることが肝要です。

虎屋の羊羹、兎屋のどら焼き、千疋屋の果物ほどではありませんが、私にも誇れるものがあります。

百人いれば、百の花を咲かせることができます。「長嶋監督（前巨人軍）は大輪のひまわりで、私は世の片隅に咲く月見草だ。」と前阪神監督の野村克也氏が言っていました。

どちらがより美しく価値があるのでしょうか。二つの花も、まず創造された神を賛美しています。私たち一人ひとりの人間も、各人の才能を有した貴重な存在として神を讃え、光る才能の花を咲かせながら、生を送ることが可能なのです。その人生の一つひとつが価値あるものなのです。

生徒諸君、他人を魅了する人間になってください。

昼の太陽のように明るく、青い空のように清々しく、夜の星のように輝くために、言葉、行動、態度、食事のマナー、礼儀正しい作法を学ぶことが、内的に外的に美しい魅力ある人間を作る秘訣です。

Vision のない民族・国家は滅亡すると言われています。ユダヤ民族が二千年の間、地球を流浪し、幾多の迫害と殺戮に耐えながらも民族の identity を存続することができたのは、強い信念を持ち、徹底した教育と、民族的習慣・文化を常に忘れることなく、ユダヤ人一人ひとりのこころに徹底的に根付け、一致団結し、活き活きした集団を維持し、困苦欠乏に耐え、迫害を克服した結果です。

私たちも、今こそ確固たる信念、豊かな心を育成して万事にあたり、躍動感溢れるはつらつとした学園を建設して、一隅を照し得る世の光となりたいものです。

（二〇〇三年・平成十五年二月　暁星国際中・高等学校生徒会報「暁」第十二号）

個性的でユニークな人間になる

晴天の夜空に輝く星の如き存在たれ！
満天に輝く星の如く
野に咲く一輪の百合のような美しい存在になれ。

渋谷、新宿、六本木あたりをアクの強い格好をして歩いている人、派手な姿でうろついている者、ともかく目立ちたがり屋が彷徨している。自分たちだけが芸術的な服装をしていると思っている。自己主張が強く、エキセントリックなだけである。我々が友達としてつきあい、仲間として一生涯の友情を保ちたい人間は相互に協調し、身勝手に行動したりしない人間だと思う。

今まで平和に生きてこられたのは自分一人の力であると思ううぬぼれがあってはならない。人から愛されることばかり願って隣人を愛することのできない人間は、自分の力だけで生きてこられると思いがちである。

一人ひとりの個性とは、その人独自の才能、能力である。六十億の地球上の人間の一人ひとりは、神によって創造されて、生命、尊厳がある。勉強（学問）であれ、絵を描くことであれ、あるいは、自転車をこぐことであれ、泳ぎ、走ることであれ、一人ひとりの存在は神に似せて創られ、神のように尊い存在の中に才能が与えられている。万人が平等で、尊い生命、尊厳さが秘められている。そうしてみると、学校の画一的な教育の落ちこぼれ人間の中にも、特殊な能力を持っている者もいる。勉強のよくできること、そのことだけが人間の価値を云々するものではない。

一人ひとりの中にある、その人だけの才能（タレント）を自ら見つけ、また見つけてやり、芽を出させ木に成長させ、大木に育てて鳥が巣をつくるように育成するのが教育者たる者の使命である。アレキス・カーレルが『人間 この未来なる者』で、限りない神秘と無限の可能性を秘めている人間としての存在を強調している。知恵遅れの子どもであった画家の山下清の中に、絵を描くことの天才的な才能を一人の教師が見つけた。我々一人ひとりが自分の中にある、たった一つの才能を見つけ、芽を出させ、花を咲かせる。この美しい花は、この地球上にただの一輪しかない、オンリーワンの存在として香りを放つ美しい存在となるのである。

（二〇〇四年・平成十六年二月「暁」第十三号）

慈母二遷の教え

中国の有名な孟子は、孟母三遷の教えを説いた。私は敢て慈母二遷と説く。人間はいつ、どこで、どのように生き、育成し、成長してゆくのであろうか。人間は大自然の緑の中で成長し、心は静けさの中で豊かになる。自然と人間が共生し、動き考えて、人生の磁石を築き上げてゆくものである。孟母三遷、慈母三遷、私は生徒一人ひとりを考え、慈母二遷と考える。私共の両親は子どもである私共を、この矢那の森の暁星国際に送られたことに想いを馳せよう。孟母三遷はよく知られた話であるが、再度思い出してみることはとても有益なことである。

孟子は生まれて数年間母と共に墓の側に住んでいたため、毎日葬式の真似ばかりして遊んでいた。母は「これはまずい」と思って賑やかな町に移住したところ、今度は周囲の店、所謂商店街を歩き廻り、商売人の真似ばかりして遊んだ。孟子の賢母は、孟子をよりよき人間、世の光、リーダーとなる人間に育成するために、孟子の教育に適した場所がないかと考えて、学校の傍に移った。すると、孟子は毎日よく勉強するようになった。

孟母三遷、慈母三遷というのは、子どもであった孟子の教育にとって環境が重要であることを教えてくれる。学園の両親の中には、子ども達の教育のために環境を変えて初等部に学ばせ、そのために学園から遠い住環境を変え、住居を木更津とその近境に移され、そこから通学している数名の児童がいることはとても嬉しく、責任も感じている。

いい環境を与えて教育したほうが子どもも大人もよくなるというのが一般論である。もちろん、いい先生の存在も重要である。国際的に活躍している音楽家、バイオリニスト、日本では名を挙げられなかったけれども、アメリカでノーベル賞をもらった利根川博士、江崎博士など研究者でも、場所を変えて自分に合った先生と出会って成長を遂げた方は多い。畑をスポーツ界に移すと、環境とリーダーたる監督の指導によって大変容することは歴然としている。野球のイチローや松井にしてもアメリカ大リーグで世界的な選手になった。

これはやはり生き、学ぶ環境が非常に重要なことであるという意味である。我々一人ひとりは、今生き、学生でいるこの環境が最良であり、親に感謝し、全力で生きることが肝要である。恵まれた緑の大自然、教師と全国から集合している友人と共生しつつ、長い人生の礎石を築き、近き将来、世にあって光り輝くリーダーとしての使命を果たすべきである。

もう一度、自分自身を知ろう。私共一人ひとりはいったい何者なのか、何のためにこの地上に生きているのか、何を求めて毎日努力しているのか、求めている幸福はどこにあるのか、この生命はいつまで続くのか、地上の人生の彼方には何があるのか。もっと考え、もっと深く、あと一メートル深く井戸を掘れば、清水の流れにあたるかも知れない、私の心を照らしてもらえるかもしれない。

今生きるこの環境の中で、今生きる人間の生命、そして私の人生を考えて活々と一日々々を過ごすことに価値はある。慈母三遷でなく、慈母二遷、そして私共一人ひとりの決意で、矢那の森にいる。

今を最高に生きてほしい。

（二〇〇五年・平成十七年三月「暁」第十四号）

入学・進級おめでとうございます

大自然の復活の春、森羅万象の息吹を感じつつ、新しい決意でスタートしましょう。

一、一致は力である。

小学校の全児童がひとつにまとまり、明るい素晴らしい学園の形成を目指して一歩一歩前進していきましょう。

二、今なすべきことをなす。

小学校の全児童が一人ひとり『私は今何をなすべきか』を自覚し、そのなすべきことを確実に実践にうつし、明るい素晴らしい学園の形成を目指して一歩一歩前進の歩みを続けましょう。

三、家庭と学校との密接なる連絡

家庭と学校とが互いに親密に連絡を取り合い、学園の中核をなす児童一人ひとりが明るく楽しく美しい共同体を作りましょう。そのためにお互いに思いやり、相互の立場を理解しあい、コミュニケーションを上手に取り合い、この一年間が最良の年、児童一人ひとりが心身ともに大きく飛躍する一年間となるように努力しましょう。

四、キリストの愛

復活されたキリスト様は『私は道であり、真理であり、生命である』と言っておられます。私たちはキリスト様のこの御言葉を日々拳拳服膺して明るい素晴らしい暁星国際学園を形作っていきましょう。

（二〇〇六年・平成十八年四月　暁星国際小学校通信「暁」）

聖母月五月

清々しい五月、私共はマリア様の月を迎えました。凡ての恩寵の取次ぎ者、キリスト様のお母様。マリア様は、とても美しい方です。マリア様は、真珠のようにダイヤモンドのように美しい方です。

心はとてもやさしい方、樫の木のように強い方、何でも聞き入れてくれる方です。世の中の悪い人にやさしいまなざしと美しい言葉を投げかけてくださる方です。あやまちや悪いことはひとつもなさらない、とてもきれいな方なのです。そして、マリア様はキリスト様の母親として、たくさんのお恵みをキリスト様にお願いして、春の慈雨のように私どもに恩恵をキリスト様に取り次いでくださいます。

マリア様は、私ども人間を守り恩恵をくださる心の広い方です。

この二月は、カトリック教会では『聖母月』と定め、マリア様を賛美します。この地球上で苦しんでいる一億五千万人の可哀相な子どもたちを守り、お恵みを与えてくださるようにお祈りしましょう。大きい声でマリア様の賛美歌を歌い、私どもと可哀相な子どもたちを守ってくださるようにお祈りしましょう。

やさしい天のお母様、マリア様、この一年間、私ども暁星国際小学校の児童を守り祝福してください。

《Notre Dame de la Perseverance, gardez bone enfants.》

（二〇〇六年・平成十八年四月　暁星国際小学校通信「暁」）

人生は神秘の美しい贈物

私が矢那の森の中の学園にて生活を始めて二十八年の月日が流れました。私は五月晴れの日、美しい青い空を見上げる。神の清々しい星空を眺めながら、神様は私どもになんと美しい大自然を恵まれたのでしょう。日本の季節、春夏秋冬の季節の変化は激しい。そして素晴らしい。気温は一年を通して、零度から三十度の間を上下する。それにつれて自然、森羅万象が変わる。私たちの気分、生活状況も季節によって変わる。

私も小学校時代に九州の田舎の山の麓に暮らしながら四季と共に気分、生活全体が左右されてきた。

春夏秋冬と季節は、移り変わる。三十年前に植えた桜の木々の枝を眺めながら、私どもの人生は季節と同じように変化してゆきます。

暁には太陽が輝き、暁には大雨が降る。暁には嵐や台風がやってくる。暁には波ひとつない湖面のような静けさの中にある秋がやってきて暑い夏を終わらせ、春が近づくと、厳しい寒風の吹く冬が過ぎて樹木に若芽がのぞき、桜の花が咲き、私どもに新しい息吹を感じさせる。私どもに確信を持たせることは、冬の後に春が来て、雨の後に太陽がのぞき、涙の後に笑いが来ることである。苦しい努力の継続の後に、成功の勝利果実が生まれる。時は過ぎる。天地は変転し、過去のものとなってゆく。

実際に長く生きた私にとっては来年、来月には何が起こるか不明である。将来何が起こるか不明である。将来何が起こるのか知らない。だが生き続ける限り、夢を見ることはできる。

毎日小学校の校庭を通り、校舎の中で児童たちの学ぶ姿、休み時間の嬉々とした声、笑い声を聞けるのは最大の喜びであり、日々神よりの贈物と確信している。この子どもたちは、神様に与えられた宝物であり宝石です。今は未完成であり、原石なのです。原石であり、未完成である子どもたちを鍛え、研ぐことにて光り輝く美しい人間に育てることは、何と素晴らしい使命でしょうか。地上に存在する職業の中で、父母として子どもを育成し人間として、雨嵐に耐えて、強く生きていける大木に育てることは最大の使命です。

私どもは将来のことを考え続け、夢と希望を追いかけつつも、今日起きていることが一番大切なのである。私たち一人ひとりは、いただいた命に感謝を惜しんではいけない。時には厄介なこと、辛いことも沢山あるが良いことも沢山ある。私ども一人ひとりの人生は素晴らしい贈物です。感謝しつつ、一日一日を有意義に過ごし、より高い理想に向かって一歩一歩前進していく。

（二〇〇六年・平成十八年五月　暁星国際小学校通信「暁」）

学期末に寄せて

四月八日、暁星国際学園のキャンパスの周囲には桜の花が満開でした。三ヶ月前に、小学一年生は入学式、二年生以上の児童のみなさんは新学年の始業式と共に新しい学年を再スタートしました。それから月日は流れ、もうすぐ一学期を終えて楽しい長い夏休みに入ります。児童の一人ひとり、そして保護者の皆様、私共の小学校での教育に内外からご協力いただき心より感謝申し上げます。人間の教育、人間の成長は永遠のテーマです。引き続き、ご協力をよろしくお願いいたします。

長い夏休み、家族全員で平和で明るい家庭の中で静かに、心身の憩いの時をおとり下さい。

ナザレトの聖家族は、私共の家族の模範として美しい生き様を教えて下さいます。

イエスキリスト様と、マリア様は聖母として聖ヨゼフと父親としての義務を果たされ、各自一人ひとり御自分の果たすべき使命を果たされ家庭生活のモデルとなられました。

何という敬虔な注意、何という相互の尊敬、何という相互の心遣いであったろう。楽しみも、苦しみも、試練も、慰めもどれほど共同的であったでしょうか。

一つの心、一つの魂。この美しい言葉が家族のシンボルでなければなりません。

七月からの長い夏休み。一学期の努力に対する神様からの贈物として家族での平和で明るい時をお過ごし下さい。

（二〇〇六年・平成十八年六月　暁星国際小学校通信「暁」）

神様と共に

長い楽しい夏休みになりました。家庭で、家族全員でゆっくりと心身の休養をとり、二学期の九月に備えて下さい。

家族の外に、もう一人大切な方が一緒に生活していて下さいます。私共の心を与えて下さった神様と一緒に休みと、喜びを分かち合うことです。大自然を創造された神様が私の心の中においでになることはなんと素晴らしいことでしょう。私の一番親しい友人、その方は私と共に楽しい休みをエンジョイして下さる。そして私と私の家族を守って下さる。

長い夏休み、どんなことがあるか解りません。遊ぶ時、旅行をする時、危険がある時、私共を守り助けて下さい。

さあ、神様が創造された大自然、天と地、海と空を眺め、神様を讃え、感謝しつつこの休みを過ごし、うんと元気になって九月の二学期に黒々とした顔、きれいな心を持って小学校で再会しましょう。

（二〇〇六年・平成十八年七月　暁星国際小学校通信「暁」）

神様と共に

清々しい風の香り、青い空、二学期を神様と共に、親しい友人と明るく楽しい学期をスタートしました。クリスマス、年末へと向けて神様と一日々々を生きてゆきます。

キリストの勇敢な弟子聖パウロは、キリストの愛、我に迫ると叫びました。キリスト様の私共への愛は、力を与えて下さいます。キリスト様は、最大の苦しみ、十字架にはりつけられ、最後の血と水の一滴まで流されて私共一人ひとりに愛を教えて下さいました。私共一人ひとりは、キリスト様のいけにえによって救われ、キリスト様が天国を準備して下さいました。

喜びの時、苦しみの時、困難や憐れみの時。私の中におられるキリスト様の愛が、私に迫ってきます。

神と共に生きる。私の身体は、神の神殿である。内に鳴り響く声を聞き入れ、その命令、指示に従って一日々々を勇敢に過ごし、この時、この二学期が美しい学期、とても有意義な学期となりますように。

神様が示して下さる道を、毎日汗を流し、勇気を持って前進し素晴らしい二〇〇六年となりますように。

（二〇〇六年・平成十八年九月　暁星国際小学校通信「暁」）

一致は力である

人間の美しい姿の一つは、力を合わせて事を実現させること。人間の生活・家庭生活、学校生活、社会生活の共同体は一致することによって、美しい姿を具現することが肝要である。このような環境の中で自由・平和・喜びがかもし出される。

私共はこの地上に生命を得、生き続けてゆき、私共の眼は絶えず注がれていなければなりません。その時、始めて凡ての狭量、すべての短気を乗り越えることが出来、最も愛嬌の少ない顔の後にも最も共感の少ない性格の後にも、最も気に障る拙劣な事の後にも、之を愛し、赦し、これと共働する理由も発見することが出来るでしょう。キリスト教的一致は本質的に信仰を支えとしており、又この効力もすべて信仰から引き出しています。聖なる家族、イエズス、マリア、ヨゼフの日々の生活は私共に美しい手本を示して下さいます。

聖家族のイエズス、マリア、ヨゼフの聖家族で実現された模範点を注目してみましょう。

何という敬虔な注意

何という相互の尊敬
何という相互の心遣いであったでしょうか。
楽しみも
苦しみも
試練も、慰めも、どれほど共同的であったでしょうか。

（二〇〇六年・平成十八年十月　暁星国際小学校通信「暁」）

相互に愛し合いなさい

これが、私の遺言です。

キリスト様は、「明日私は敵の手に渡され十字架に付けられて死んでいく。」とおっしゃった。

「あなた方（キリストの弟子たち）は、相互に助け合い赦し合い、一つの心になって私の与えたミッションを果たしなさい。」と、キリスト様はおっしゃった。

神様に与えられた生命を、一人ひとりが尊重し合い、兄弟姉妹として日々を過ごして下さい。

一人の児童も一人ぼっちでいじめられてはなりません。


（二〇〇六年・平成十八年十一月　暁星国際小学校通信「暁」）

行く年・来る年

二〇〇六年、平成十八年も数々の喜び、悲しみを残して暮れ、平成十九年の新春を迎えます。神様に頂いた数々の恩恵を感謝し、犯した過失の赦しをお願いしましょう。

年の瀬・年の始めに美しい言葉を贈ります。

一、人生で一番尊く大切なことは、神を愛し、人を愛し、人のために奉仕して決して恩に着せないこと。他人に親切にしても、その報いを期待しないこと。

一、人生で一番楽しく立派なことは生涯を貫く仕事をもつことである。他人の役に立たないこと、自分は他人に相手にされないこと、忘れ去られてしまうことは一番悲しく、淋しいことです。

一、人生で一番素晴らしいことは、常に感謝の心を忘れず、報恩の道を日々歩むことである。

一、人生で一番みじめなことは教養のないことである。他人の厭がることを言ったり、したりすることである。

一、人生で一番淋しいことは自分のする仕事のないことである。人間は自分を忘れて脱線している以外は、常に何かを考え、何かをしている。何もしないでいることはできない。

一、人生で一番みにくいことは、他人の生活をうらやむことである。自分自身を知り、よりよき人間への道を進むことが肝要である。

一、人生で一番恥であり、悲しいことはうそをつくことである。

この新しい年が、明るく、平和で、美しい人間、美しい心の持ち主であるように努めてください。

（二〇〇六年・平成十八年十二月　暁星国際小学校通信「暁」）

三学期　新春に当たり

《二〇〇七年の年頭に当たり》

保護者の皆様に心から新春の喜びを申し上げます。この年が平和で明るく神様と多くの人々の祝福が恵まれ、お一人お一人の上に聖人の光りがそそがれますように。

三学期そして二〇〇七年の始めに当たり、学園にある児童たちを中心に、保護者の皆様、そして学校にある教職員、寮の舎監長、舎監が力を結集して教育の実を上げるよう全力を尽くす決意を新たにしております。

私は学園の責任者として大切な義務職責を少しでも完全に遂行するために、勇気と信念もって学園の将来を眺め、改革、改良し教育の成果を上げるために努力し邁進する決意を新たに致しました。

新春を迎え、月日は容赦なく過ぎてゆきます。そしてその間にも、世界の混乱、日本の混乱、そして教育も激動の真っ只中にあります。しかし、誠実と思いやり、隣人愛を実行しなさいとの神の言葉は何時如何なる時に真実で変わることはありません。

《美しい完全な人間になる》

一．キリスト様は、明白に、私たちに予言されたように、人にわたされ、苦しみを受け十字架に付けられ、地上における人間の生命を終えられる時、最期の晩餐を開かれ、十二人の弟子を集めて、私はあなた方に遺言を残す。

「相互に、愛し合いなさい」と仰いました。

お互いに理解し合い、助け合い、赦し合って、思い合い、喜びを分かち合って活きることが、律法の完備であると教えられました。

二．勇気を持って決断し、実行すること。

三．自分の喜び、幸せを隣人と分かち合い、友情と親切の花片を周囲の人々に拡大してゆくことが人間一人一人に与えられた使命である。

四．真理はあなたを自由にする。

神様は私共人間を造り自由をお与えになりました。真実に生きること、誠心の人間になること。この言葉を実現する時に人は心底自由になり、平和になります。ここに人間の明るさ、喜びがあります。

《一時的な喜び》

物質的喜びも楽しみもつかの間、やがて枯れてゆく花のように、しおれ枯れて地に落ちてゆきます。限りある物質的喜びではなく、内的なもの、精神的なもの、霊的なものの喜びを探求することが大切です。自然的なものでなく、超自然的さも、目に見える物ではなく心の喜び、心の平和、善いことをした時の喜びを求め、有限な物ではなく、内的で無限のものを求める美しい年たらしめて下さい。

短い三学期、あと二ヶ月で学期が終わり、この一年の学期が終わります。

一年の最後のこの一年が有意義な一年、進歩躍進した一年たらしめて下さい。

六年生の皆さん、あと二ヶ月で小学校時代に終止符が打たれます。数々の思い出を心に秘め、より高く、より大きく中学生としての道に進んで下さい。

（二〇〇七年・平成十九年一月　暁星国際小学校通信「暁」）

学年末に当たって

万物は流転する。（ギリシャの哲学者、ソクラテス）

天地は過ぎる、されど神の言葉は過ぎない、真理は何時の時も不変である。

真理に生きると自由を得る。

今年も私どもは学年末を迎えました。四月八日、児童の皆さんは入学式、始業式と共にこの一年を迎えました。三六五日私ども一人一人の歩みを大切にして学年末を迎えました。一年間、世界は動き、嬉しいこと、悲しいこと、数々の思い出を残してこの年の幕がおろされ、過ぎてゆきます。私の身体は大きく、丈夫に成長しました。私の心は隣人、お友達と仲良く、思いやって大きく豊かになりました。

お世話下さった凡ての方々に心から感謝し、有意義に幕を閉じ、春の到来、大自然の復活と共に再生し、新しい学年を再スタートしてゆきます。

この年を送り、新しい年を夢と希望を持って前進してゆきます。私どもの前に美しい山、富士山が聳えています。この山に登ろう。

登山服を身にまとい、新しい靴をはき、勇気を持って登山の第一歩を踏み出そう。

神様、この一年間私どもを守って下さり、有難うございました。これからも新しい決意を持って、新しい世界により大きく成長してゆくために全力を尽くします。

何卒、私に道を示し、小逕を教えて下さい。

～六年生の皆さん～

皆さんが過ごした六年間、歩んだ道は無駄ではありませんでした。

一人ひとりの皆さんが、各自努力し、友人と過ごし小学校を去ってゆきます。

ここで養い育った心身を大事にし、より大きくより強い人間に成長して下さい。

皆様と、保護者、御両親に対して、御協力下さって有難うございました。

これからの歩みの上に、神様の祝福が豊かであり、又何時の日にか再会できることを楽しみにしています。


（二〇〇七年・平成十九年二月　暁星国際小学校通信「暁」）

一年間を振り返って

二百三十日間におよぶ長い平成十八年度の一年間も本日をもって終わります。どの児童も学習や学校行事への取り組みなど、本当によくがんばったと思います。各保護者の皆様のご協力に心より感謝申し上げます。本当に、ありがとうございました。

暁星国際小学校の全児童が、さらに健康でたくましく新しい学年へ進級してほしいと願っています。

六年生の皆さんご卒業おめでとうございます。卒業生の健康とさらなる成長をお祈りしています。

（二〇〇七年・平成十九年三月　暁星国際小学校通信「暁」）

新学年の始めに

一年を過ごし、春の息吹の下、新学年をスタート致します。

キリスト様は世に勝ち、死に勝ち、世に勝って復活致しました。

私共は一年生の五十五名の児童と、十一名の編入生を迎かえ、新しい学年を迎かえられたことをとても嬉しく思い、新入生の皆さんに心から御祝い申し上げます。

創立十三年目を迎かえ、この一年が学校に喜びが満ち、地の光が新たにならんことを希望しています。

元気と明るさ、喜びに満ちた学校が、日々大きく成長してゆくことを願い、楽しい一年、神様の祝福が豊かにならんことをお祈りします。

学年の始めに当たり、小学校の児童の一人一人が神様の子どもとして、清々しく一日中を過ごし、小学校に集った一人一人が兄弟姉妹として楽しく活き、多くの事を勉強して知識を増し、豊かな人間、心の美しい人間として大きく成長することを熱望しています。

人と神様の恩恵の下、毎日毎日大きく成長してゆくよう努力致しましょう。

（二〇〇七年・平成十九年四月　暁星国際小学校通信「暁」）

聖母月　迎え入れてくださるマリア様

わたくし達を導き、神の子として受け入れていただくためのおとりつぎとして、特別な使命を受けられた方がマリア様です。

〝弱さではないやさしさ〟〝卑屈ではない謙虚さ〟理解と共感で私達を迎え入れてくださるマリア様にならって私達は多くのことを学んでいます。

学園のシンボルであるマリア像、また小学校のピロティには聖母子像があります。登下校の時に目を向け、心を傾けてみてください。

毎月、こちらは田川校長の言葉で始まっておりますが、田川校長は十九日に体調不良を訴え、現在『君津中央病院』に入院しております。心筋梗塞の手術を受け、術後の経過は良好ですが今はゆっくりと静養することが何より大事ですので、御見舞いはお控えくださるようご協力をお願い申し上げます。

ご家庭にて、田川校長先生の一日も早い快癒をお祈りくださいませ。

（二〇〇七年・平成十九年四月　暁星国際小学校通信「暁」）

霊的花束

薔薇の冠に飾られたマリア像を囲んで「皆さんがここにお棒げした心の花束は大変美しい……」という田川校長の言葉で、聖母祭の祈りの集いが始まりました。

集まった児童は、自分がどのようなことに心がけて生きていくのが望ましいかを考える大切なひと時を過ごしました。

あなたがたの光を、人々の前に輝かしなさい。
人々が、あなたがたの立派な行いを見て、天の父を崇めるようになるためです。

学園のシンボルである暁の星はマリア様を意味しています。
星が太陽をうけて輝いているように、私たちもその教えを生きて世の光となることが校長のお望みでもあるのです。

一八五九年、南フランスの町ルルドで、マリア様が一少女ベルナデッタの前にお現れになった時、湧き水が出ました。聖なる水（奇跡の泉）を求めて、今日でも五月は、特に全世界からマリア様のお取り次ぎを願う人々が大勢訪れるそうです。

田川校長の術後の経過は良好です。「奇跡」とも言えるご回復は、子どもたちや保護者の皆様の祈りが聞き入れられたのではないかと思います。

私たち職員も、〝一人一人が持っているタレントを子ども達や学校のために使うことができますように。その意向、出逢い、そしてその日々を祝福してください。〟
ともに心を合わせて祈っております。

（二〇〇七年・平成十九年五月　暁星国際小学校通信「暁」）

神様のみこころ

六月は、キリストの〝みこころの月〟として定められています。イエス・キリストは私たちとともにおられます。聖歌にもあるように空を見上げれば鳥が飛んでいます。野には百合の花が美しく咲きます。そういう小さなものにも、神様は心をかけてくださっているのです。まして私どもは神様の子どもです。

私たち、この学園に通う子ども達は兄弟、姉妹のようなものです。仲良く過ごせますようにお互いが助け合って、人に接しましょう。人を悲しませるのではなく喜ばせるのです。

今、この地球に六十億以上の人々が生きています。そのうち、一億三千万人が日本に住んでいます。しかし世界中で四億人の人々が飢えています。千八百人の子ども達が毎日亡くなっていると言われています。みんな地球で生きていく仲間です。動物、植物、人間…、神様がみこころを注いでおられます。

人に親切にし、思いやりを持つということを忘れてはなりません。

いやなことをしない、悲しませない、という教えは大人になっても変わることはありません。神様であるキリストが教えてくれた規則で一番大切なことは「隣の人を愛してあげなさい」ということです。思いやってあげることです。ゆるしてあげるということなのです。

梅雨の季節ですが五月の青空のようにすみやかでここちよい風のように和やかな心を持ってください。

皆さんが四月、五月、六月と過ごし、心も体も大きくなっていることを神様もよろこんでおられます。

《六月五日、全校朝礼での田川校長のお話》

（二〇〇七年・平成十九年六月　暁星国際小学校通信「暁」）

福音を味わいながら

「Le temps passé vite!」〜時はどんどん過ぎていきます〜

七月は一学期のまとめとしてとても大切な時を過ごします。

そこで六月二十九日、三十日は聖ペトロと聖パウロの二人の偉大な聖人の祝日にあたるということを思いだしましょう。ローマカトリック教会ではこのペトロの後継者としてローマ司教（四世紀以後は教皇）にそのすべての権威が受け継がれていると考えてきました。

イタリアの首都ローマの中にすっぽり包まれている世界最小の国ヴァチカンで、イエスの弟子であり、カトリック教会の初代教皇であった聖ペトロは殉教しました。

ペトロは十字架につけられるという時「私はイエスさまと同じようにされるのではもったいない。もっときびしく殺されてもかまいません」と言って、逆さ十字架にかけられ殉教したといわれています。

ペトロはイエス・キリストの十二人の弟子のうち、一番弟子でした。イエス・キリストは「全世界に行って、福音を述べ伝えよ」と仰った。

〝主イエス・キリストが私たちを許してくださるように、わたしたちにも広い心で許すことを教えてください〟と願いましょう。

あなたがたが互いに謙虚な心で許し合い一学期をきれいに締めくくれるよう、努力してください。

田川校長のメッセージに全校児童が耳を傾け、その意向を胸に刻みました。

（二〇〇七年・平成十九年七月　暁星国際小学校通信「暁」）

二学期の始めに

長い楽しいバカンスが終わり、二学期がスタートしました。心身をリフレッシュし、秋の空を眺め、一人ひとりが自ら考え、目標を掲げてより高く一歩一歩前進してゆきます。

楽しい平和な夏休みは終わり、毎日、学校でのひきしまった時を送ってゆきます。きちんとした日常生活を送り、立ち居振る舞いに気を付け、礼儀正しい言葉を使い、挨拶をし、そして美しく微笑みながら、私たち一人ひとりが周囲のお友達に良い気持ちを与えましょう。

人に好かれる存在になる。賢い人でも、人の好意という後押しが全くなければ淋しい人生になります。私たち一人ひとりの周囲には親しい人、親がいて、私たちを後押ししてくれます。お友達が話を聞き、相談相手になり、嬉しい時には喜びを分かち合い、苦しい時には助け合い、言葉を投げかけてくれます。そして天の空の彼方、そして私の周囲には目に見えないが心にささやきかけて下さるお友達、神様がおいでになります。多くの人々に好かれ、神様に好かれることがとても大切なことです。

人生は長く厳しい。自分だけの力では立派に生き抜くことはとても厳しい時があります。その時、千の風のようになごやかな香りの良い風となって、私どもを後押ししてくれる助けが必要な時が度々あります。

長い人生の航海に出てゆく時に、多くの人に好かれ、引き立てられ、手助けをしてもらい、人生という航海の追い風となってもらうのです。

沢山の人と良いお友達になる必要があります。第一印象が良ければ、高い評価を受けることができます。

私どもの学校、家庭での生活は良い印象を持ち合って、勇気・知恵・分別、そして意欲という精神的なものを得ることができます。

私どもは多くの人々と神様と出会って、喜びの中で素晴らしい生涯を送ってゆくことができます。大切な二学期、清々しい秋、この大切な毎日を隣人であるお友達に好かれ、接する人々に好かれ、そして神様に好かれる生活をして、美しく素晴らしい日々を過ごせるように頑張りましょう。

（二〇〇七年・平成十九年九月　暁星国際小学校通信「暁」）

神秘と人を愛すること

ポール・クローデルというフランス人の有名な詩人は人間の一番大切なことは、この地上での生活で神様と人と出会うことだと教えました。

私は思います。神様と人とが出会うと、人の心の目を開くことは簡単に出来ます。それだけでは不十分で、出会った後に神様と私どもの隣人を愛することがとても肝要なことです。どうして私どもは神様と友達、隣人を愛さないといけないのでしょうか。その理由は、神様は私どもを愛してくださり、私どもを神の子どもとして、神様御自身の生命を私どものために捧げてくださいました。キリスト様は教示されました。あなた方は神である私に似せて創造し、人間は皆兄弟姉妹としての資格を与えられました。キリスト様は私どもの友人としてこの地上にお生まれになり、三十三年間の生を過ごされ、敵にとらえられ、苦しみを受け、十字架にはりつけられて死去してゆく時、弟子達に向かって、最期の遺言を与え、「お互いに愛し合いなさい」と仰いました。

この教えを心に秘めて実行してゆくのが私どもの共同生活です。

去年の三月の春休み、三月の下旬に、東京のロータリー倶楽部の方々が学園のキャンパス（学園のマリア像の前と小学校の駐車場の空き地）に、五十本の林檎の木を植えてくださいました。日本の緑の自然を更に美しい緑の世界にするためでした。この林檎の小さな苗木は水と太陽の恵み、それに人の世話が必要です。大風に倒れないように添え木をつけ、暑い日には水をそそいであげねばなりません。ロータリーの方々は、この林檎の木は五年たつと実がなりますと言われました。五年後に赤い美しい実のなることを楽しみに見守ってあげたいと思っています。

私ども人間が楽しく明るく平和に生きてゆくためには、瑞々しい林檎の苗木のように太陽の光と水が必要です。それを忘却すると人間生活も無味乾燥になり、草木が枯れてしまうように人間も枯れて死んでしまいます。

人生は楽しく明るい時ばかりではありません。この地球上に六十億の人が生きており、多くの国々、インド、中近東、中・南米には人に愛されていない、必要とされていないと感じて死んでいく人が大勢います。私どもは誰でも、家庭、学校、そして社会において周囲から愛されて認められていることが必要なのです。人の役にたつことなく、無用な存在だと思われることは最大の悲しみです。

地上に存在するすべての人は誰でも人を愛し、人に愛され、相互に愛し合うことを実行して、人生の目的に到達してゆくのです。

このことを私たちは忘れてはいけません。

（二〇〇七年・平成十九年十月　暁星国際小学校通信「暁」）

努力・忍耐の継続が成功を生む

神様は私どもに生命を与えて下さり、私ども一人ひとりは各自の人生を形作る創造主である。

神様は私ども一人ひとりに果たすべき課題、使命を託された。十人十色で異なる性格を持っているが、凡ての人が神様が一人ひとりに示された課題を果たし、美しい人間を形成しなければならない。

将来に向かって夢と理想を掲げながら、今は大きな計画を立てずに、今を生き、日々神様が私たちに与えて下さるものを見つけ、一日、一時間、一秒を喜びを持って受け入れ大切にすることである。主は何が起ころうとも私に慈しみを約束してくださっている。

日々新しい心、新しい決意を持って小さな義務を忠実に果たすことがとても大切で、日々の積み重ねが美しいものを作り出す。美しい宝石がどのように研がれ指輪として、首飾りとして光り輝いているかを見れば、とても解りやすいと思う。

貝について考えてみよう。

殻の中に砂の粒が入り込むのは貝の生命にとっては危険なことで、砂粒がこすれて貝はとても痛いと思っている。貝は痛いので、更に自分の生命を守るために砂粒の周りに糸を紡ぐ。砂の周りを紡いで紡いで、数週間経つと、その砂の粒は真珠に変わっているのだ。だから私どもの人生に辛いこと、悲しいこと、困難なことが次々に訪れてきても、耐え抜いていく。

困苦欠乏に耐え、勇んで前進するものは最後に勝利を謳う。

時々私は大きい病院に入院されている人を御見舞いにゆくことがある。多くの患者さん達が病床に臥し病気とたたかっておられる。

一部の患者さんは嘆いたり、愚痴を言い、自分はもう生きる価値がないと思い、何もかもが苦しく辛いと感じている。けれども、太陽のように柔和で明るく輝いている人もいる。この人達は痛みや悩み、さまざまな問題を抱いているが、微笑みを浮かべ、温かいぬくもりと安心感を醸し出している。一番朗らかな人は、人生の中でひどい痛みや苦しみ、多くの困難を経験し、乗り越えた人達である。いつも愚痴を並べてぶつぶつ不平を言う人達は大きな問題に一度も出会ったことがない人々である。問題なく人生を送り、小さなことに喜びを見いだすということを学ぶ必要がなかった人達である。

困難の真っ只中にあるとき、私どもの中におられる神様に励ましを与えて下さるようにお祈りをする。そして勇気と励ましを得る。

人生は単純ではないが、神様は優しい方である。重荷を負って歩む人よ、私のもとに来なさい。私はあなたを快復させてあげましょう。

（二〇〇七年・平成十九年十一月　暁星国際小学校通信「暁」）

人生は旅

私は数年前に木更津から南の果て九州の鹿児島まで旅行をしたことがあります。車の後部座席に座り、毎日の雑事から解放され、平安の内に一路九州に向かいました。長い夏休みに十日間の時間を取り、自由に自然を眺め、思う存分考える時が与えられたことを神様に感謝しながら、美しい日本の大自然の眺めを楽しめ、とても幸福に思いました。

日々の雑事から解放され、高速道路を猛スピードで走り、時々一般道路に出て変化に富んだ日本の緑の山々を眺め、世界で一番緑に覆われた国に生きることを嬉しく思い、春夏秋冬の変化の中に生きる喜びを深く感じつつ、目的地に進んで行きました。

私はこの旅が人生を描いていることに気付きました。私どもは一年間の中間地点（学期）に立っており、来年三月の学年末に向かって毎日、楽しく明るく意義のある時を過ごしてゆきます。この中間地点にて新たな決意を持って、一年間の到達目標に向かって努力の一歩一歩を続けます。私ども一人ひとりは毎日成長し、進歩してゆかねばなりません。

高速道路は広く真っ直ぐに伸び、人生もそんな時には日常的な感じがします。凡てが正常でびっくりすることや思いがけないことは起こりません。問題なく時は流れ、私達は元気に生活します。

そしてある日、病気になったり、事故にあったりするのです。親しい友達や親戚が亡くなったりするのです。自分で自分自身をコントロールできないことが起こったりします。それはまるで高速道路を外れて、小さな道に入り込んでいくようです。交通標識のない森の中の農道や砂利道を走ると迷子になって行き先が見つけられないような感じがします。走っても走っても終わりがなく、静かな山の中に入り込んでしまい、立ち往生してしまい、不安と恐怖の中に閉じ込められてしまい、進退きわまってしまうことでしょう。

私どもは、神秘に満ちた大自然の中で正しい道を選択するのは容易ではありません。

そんな時に、私の周囲に親切に言葉を投げかけて、心に訴えてくれる人がいなかったならば、目的地に到達することは難しくなってしまいます。

私達が生きている家庭生活、学校生活の中では友人達がおり、先生がたがおいでになります。

その上に、私達の中には守護の天使がいて守って下さり、私どもの最高のお友達であるイエス様がついていてくださいます。イエス様は私どもにとって最良の友人であり、どんな時にも助けてくださいます。

イエス様はおっしゃいました。

「私は道であり　真理であり、命である。私を通らなければ、だれも父のもとにゆくことはできない。」

（二〇〇七年・平成十九年十二月　暁星国際小学校通信「暁」）

自己陶冶　――しつけと教育――

古い諺に「自分の持たない物は、人に与えることができない」、というのがありますが、よくしつけるためには自分にも厳しくしなければなりません。

子どもに自己抑制を教える際には、親もそれ相当のやり方で自分の生活に秩序をつけなければならないのです。親の側に自己陶冶がなければ、子どもは何のためにそうしなければならないのか理解できないので心が混乱します。

もし親が理性の原理と、信仰の命ずるところに従って行動し、感情をうまく制御するなら、子どもは霧の中を迷うことなく安心して行動し、なんらかの信念と喜びを感じることでしょう。ある時は見逃し、別な時には虫の居所が悪いために、理不尽に罰を与えるなどということは、しつけのうえからは困ったことです。

しつけということが誤解され、おろそかにされる傾向にあると感じますが、神に対し、人に対し、自分に対し、友人に対して責任を取るように、子どもに教え、訓練を重ねることは何にさておいても親としての重大な義務ではないでしょうか。

しつけに関する助言は数々あることでしょうが、子どもを理想に近づけるためには一つの失敗でくじけるようなことがあってはなりません。子どもはめそめそしたり、泣きわめいたり、言うことを聞かなかったり、また、反抗的になったりします。

親はもうこれ以上どうしても我慢できないと思う時も忍耐する必要があるのです。時には感情的に怒ることもあるでしょう。それでも失望してはなりません。自分に愛想をつかさないで、もう一度やり直す決心をしてください。

真の愛をもって行うしつけならば、たとえ小さな誤りがあっても決して自信を失わず、希望を持って進まれますように。


（二〇〇八年・平成二十年一月　暁星国際小学校通信「暁」）

自分の十字架を担う

人生において繰り返し出会う三つの疑問があり、そのたびにそれに答えなければならない。

これは正しいか、正しくないか。

これは真か、偽りか。

これは美しいか、美しくないか。

施す教育はこれらの二つの疑問に答えるようなされるべきである。

キリストの尊いメッセージはその答えを静かに心の中で芽生えさせる。

昨年の暮れに世相を表わす「漢字」として『偽』が選ばれた。確かに現代の日本では、自分の利益のためには不正直でもよいとしてしまっている人がいるようだ。

自分のしたことに責任を負い、他人のせいにしないこと。これこそが勇気のある行いといえよう。ひいては、自分の十字架を担うことを喜ぶべきなのである。決して神への信頼を忘れず、祈り、熟慮し、神のみ旨が、何かを見極めることが大切であるといえよう。

学年末を迎えるにあたり、本校の教育に信頼を寄せ、大切なお子様を私共に託してくださったことに御礼申し上げるとともに皆様が困難と責任から逃れることなく、精神的に逞しい人となられることを願っている。

（二〇〇八年・平成二十年二月　暁星国際小学校通信「暁」）

暁星国際高等学校第二十七回卒業式式辞

二〇〇八年三月一日、ここに私たちは、暁星国際高等学校第二十七回目の卒業証書授与式を実行しています。私は、第一回から今回の第二十七回まで毎年、卒業証書を授与する栄誉を得ました。毎年、この日にはいつも感動を覚えます。

いつも思います。この日、この時は、神様が与えてくださったひと時です。皆さん一人ひとりのたくましくなった姿、心の状況を見て、私は、あなた方のご両親と同じ気持ちで感動します。あなた方は三年、あるいは六年、ここで共同生活をしました。通学、寮のいかんを問わず、この矢那の森で生きてきました。そして今日、この日があるのです。

聖パウロは、

「私の歩いた道は、決してむだではなかった。私の歩いた道には、足跡が残されていた」

といっています。あなた方の歩んだ道は、むだではなかった。

いろいろなことがあった。喜びがあった。苦しみもあった。いろいろな悩みもあった。でも、今日卒業していくみなさんは、それを克服して、この日を迎えているのです。

だから、この日にこそ、私たちはお祝いをし、喜びたいと思います。そして、あなた方が生きた十七年、十八年の歳月の一日一日を思い、まわりのすべての方々に感謝し、守ってくださった神様に感謝し、ここに新しい土台をすえてその上に生きていきたいと思います。私たちは砂上に楼閣をつくりませんでした。バイブルがいうように、私たちは岩の上に、頑丈な基礎の上に人生を歩んでいくのです。命は何年続くのでしょうか。それは一人ひとり違います。でも、生きていくことは同じです。毎日、与えられる日々を大切に生きていかなければなりません。

私は、あなた方と一緒に、すべての方々に心から感謝します。目に見える人、目に見えない人、あるいは地上にあるもの、天上にあるもの、あるいは宗教的に実在する神の前に私たちは感謝します。この心が、光り輝く不滅のともし火として、あなた方の心底にきざまれていくものと信じます。

私たち人間の生活は、旅です。人間というものは旅するものです。どこまで旅するのでしょうか。どこに向かっていくのでしょうか。

かつてイスラエル民族は、エジプトで捕虜の生活をしていました。モーゼは彼らを奴隷生活から解放するために彼らを率いてエジプトを脱出し、砂漠を横切って、乳と蜜が流れる「約束の地」に導きます。四十年間、彼らは旅をしました。四十年間、戦いました。そして彼らはその歴史をつくりました。人間として熟成しました、そして彼らは精神的に強くなりました。

私たちは、四十年、五十年、百年と旅をするのです。どこに行くのでしょうか。私は、神に向かって心の旅をすることが一番重大なことであると教えます。神、つまり永遠の真理というものに向かって心の旅をするのが、これからの皆さんの旅です。

私はこの二月に、小学校六年生と九州の熊本に修学旅行に行きました。阿蘇山に登り、そこでひとりの人に出会って感動しました。樺島郁夫さんという六十二歳の人です。

樺島さんは少年時代、阿蘇のふもとに広がる千里の草原に横たわって、三つの夢を描きました。将来、政治家、または小説家、または阿蘇の草原の牧場主になりたいと思ったそうです。そして、夢の実現に向けて生きていきました。

彼は少年時代、極貧の生活を送っていました。サツマイモのかわいたものや、麦ごはんしか食べることができず、白い米のごはんを食べたことは一度もありませんでした。小学校二年から高校三年まで、一日も休まずに新聞配達をしました。

勉強はできなかったそうです。小学校六年間で一度だけ通知表に「5」をもらいました。村の図書館の本を全部読んだので、そのごほうびとしてもらったのだそうです。高校に行っても、二百二十人の生徒の中で二百番以下でした。

高校を卒業して自動車の販売会社に就職しましたが、つまらなくて、やめてしまいました。その後、農協につとめ、農業の研修生としてアメリカに渡り、そこで、「勉強とは、こんなに楽しいものか」とさとったのだそうです。その後、樺島さんはネブラスカ大学の農学部に留学して、さらに大学院に入って修士の学位をとりました。

さらに勉強がしたいと思い、今度はハーバード大学の大学院へ行って、政治学の博士の学位を取得しました。六年の課程を三年九か月で修了して政治学博士となったといいます。

樺島さんは日本にもどると、筑波大学の講師に、そして助教授、教授になりました。ここ十年は、東京大学大学院の教授として政治学を教えました。

そして、いま、彼は熊本県の県知事に立候補して政治家になろうとしています。少年時代に描いた三つの夢のうち、政治家になりたいという夢をついに実現しようとしているのです。

すばらしいなと思いました。

ここ木更津で、あなた方は幼稚園生、小学生、中学・高校生の時をすごしました。

これからあなた方は神様が与えてくださった能力・芽を出して伸ばし、花を開かせなくてはなりません。樺島さんが自分の芽を伸ばしはじめたのは二十代後半になってからです。あなた方は、神様が与えてくださったすばらしい芽を墓場まで持っていってはいけません。芽を出して、花を咲かせて、実を結ばせて、そして世の中で光り輝くのです。それが、神様があなた方に与えた使命です。

いま、そのことをもう一度ここで確認しましょう。そして、いままで生きてこられたことに感謝して、愛するご両親にありがとうをいいましょう。また、日々ともに生き、コンタクトして修行しあってきた友達にも、ありがとうという気持ちを伝えましょう。

これからは、いよいよあなた方は自立して生きていくのです。

私たちの人生は旅だと言いました。ヨハネは福音書の中で、「真理に向かっていかなければならない。真理はあなた方を自由にする」といっています。自由にしてくれるのは、真理を求めて生きていくことです。それによって、すべてが解決できるのです。

もう一度、聖ヨハネの言葉を復唱します。

「真理はあなた方を自由にする」

このことをもう一度認識して、生きていってください。

最後にもう一度、あなた方のまわりにいる人たちに感謝してください。今日の卒業式にご出席いただいた方々に感謝の意を表してください。そして、どうぞ、夢に向かって一人ひとりが芽を出して、花を咲かせて、人生の目標に到達してください。

神様の祝福があなた方の上にあるように、私たちは祈っています。

（二〇〇八年・平成二十年三月一日）

喜びの中に明るく生きる

一、与えること。

誰もきたないものを与えることはできない。

貧しい人とともに生きる。赤い羽根運動に小銭をいれる。東京駅の中に座っているホームレスの方に近づきお金をさし出す。勇気を出してそばに行き、心をこめて私のお金、私の心をさし出す。受け入れられた時の喜び、更にありがとうの言葉が返されたときの喜びは心に染みる。

朝、生徒たちに出会い「おはよう」の挨拶を交わしあう時の微笑みの交わしあい。これも喜びが心に漂う。

地下鉄に乗り、席があるか、ながめ、だめだとあきらめて立つ決意をして、吊り革を探し柱につかまっていると、座っている男性が立ち上がって席を譲ってくれる。けっこうです、私はまだ大丈夫です、立っていても平気です、と心で答える。相手の人が、次の駅で降ります、と立たれる。申し訳ない、座らせていただきます。無言の心の通じ合いがある。なんとなくうれしさと遠慮の気持ちが交錯する。若い日本人の心に触れること、これもうれしいことの一つである。

荷物を持って駅の階段を登る老人の方に声をかけて、荷物を持ってさしあげる。勇気をもって実

神様と何時も一緒！

この一年・神様と人と一緒に生活し終わります
神様、私を守り祝福し、道を示めして下さって
有難うございました。私共の周囲で私共を見守り
助けて下さった多くの方々に心から感謝致します。
これからも神様と何時も一緒に生きてゆきます
すべてのものの主、神よ、あなたをたたえて歌う。
永遠の父よ 世界はあなたをあがめとうとぶ
神の使い 力あるもの 天使達も 絶えることなく
高らかに讃美の声をあげる。すべてを治める神
あなたの栄光は天地をおおう。ともに声を合わせ
あなたをほめ歌う。復活された勝利のキリスト
すべての人の救主、信じる人に神の国の門を開か
れ 私共を天の国に導いて下さい。

田川茂

（2008年・平成20年3月　暁星国際小学校通信「暁」）

行できる人は本当に幸せな人と思います。

二、優しい人は幸いである。

友人、知人、家族の方にではなく、この世の見知らぬ人々に親切であることは真に優しい人です。その人は神を知り、神を見る人です。

偉い人、権力のある人、身分の高い人、金持ちの人ではなく、忘れさられた老人、貧乏な人、身寄りのない人、旅人に言葉をかけ手助けする勇気のある人こそ、神の言葉を守る人、優しい人です。彼らは神の子どもと呼ばれる人です。

私は、飢えている時に食べものを、乾いている時に飲みものを、裸の時に着ものをくれた「マテオ福音」をキリスト様は教えられました。

自分自身を始めとし、飢え渇き心に重荷を抱き、人間の尊厳を剥奪されて無一物の存在となった人々に手をさしのべる優しい心は、神ご自身になされるものとしてお受けになります。

（二〇〇九年・平成二十一年三月　暁星国際中・高等学校「暁」）

卒業生に送る言葉

一、美しい人間たれ。

神は真善美なる存在である。

創世記の一説に、神は御自分に似せて人間を創られた。とある。本来、人間は神様に似た存在である。神様により近い存在になるように努力することこそ、人間に与えられた使命である。とてもむずかしく困難な宿題である。けれども私ども人間は神様に似た者になるように努力しなければならない。富士山に登ることはむずかしい。エヴェレストに登山することはもっとむずかしい。まして限りある人間が限りない存在である神様に近づくことはもっとむずかしい。だけれど神は私に似た者になりなさいと命令された。

私ども人間は神様に似た者になるように努力し、汗を流さなければならない。

真善美たる者たれ。

美しい人間たれ。

二、世の光として地球にはばたけ。

健康に満ちあふれ、心の豊かで美しい心を持ち、礼儀正しい人間として、世の人々に喜びを付与する人間として光り輝け。多くの人々を語り、喜びを分かちあい、人間として語りあえる存在たれ。

そのために、日本語を、外国語を特に矢那の地で学ぶ英語とフランス語をマスターしなさい。そして日本で世界で地球で光り輝け。

（二〇一一年・平成二十三年三月　暁星国際中・高等学校「暁」）

暁に寄せて

今年も卒業の時が訪れた。時は容赦なく過ぎてゆく。高校生活の終わりの時。そしてより高く生きてゆく時が訪れた。我々一人一人にまた新しい時が訪れた。この大切な時の到来に当たり、我に一人一人に与えられているミッションを新たにし、未来に向かっての新しいチャレンジの時が訪れた。神様から与えられた時が訪れたのである。新しい時。新しい生命が与えられた時である。Nova vita daturnohis. より高く理想を抱き、人々の中にあって光となるミッションを果たし、世界をよくするために、新しい理想に向かって生きてゆく決意をする時である。夜空に輝く星を眺め、果てしない砂漠の真只中を前進してゆく時が訪れたのである。美しい理想に向かって前進し、日々世界を照らし世界をよくする時。巣立つ卒業生の一人一人の、神様から示された道を歩み、世界を照らす人間になってほしい。

（二〇一六年・平成二十八年三月　暁星国際中・高等学校「暁」）

PLUS HAUT! ～解説に代えて

玉置輝雄（元 暁星国際学園教諭）

田川先生に初めてお会いしたのは、今から五十七前、一九六二年の暑い夏の日のことであった。当時私は、ちょうどアメリカの小学校を卒業し、父の勤めていた会社の帰国辞令により家族と日本に戻り、暁星中学一年の編入試験を受けた時のことである。当時帰国子女は珍しく、編入試験は日本語で行われた。平仮名が満足に読めなかった私は、不合格となった。親に連れられ、田川校長先生にお礼とお別れのご挨拶に行ったら、先生は、十二歳の私に向かって、「君は、長いあいだ海外に住んでいたから日本語ができないのであって、日本語を勉強するとの約束で、一年遅らせ、小学校六年に編入することを認める」と言って下さった。親ともども校長先生の優しい心に感激すると同時に、日本語の勉強を一生懸命にしなければならないと幼心に誓った。六年A組に編入が決まると、担任の川崎先生が暖かく迎え入れて下さり、内心ほっとした。田川先生は、週一回宗教を教えに来られ、毎週のように我々に正直に生きる大切さを説いていた。“Honesty is best policy”と繰り返していた。やがて暁星中学になんとか進級でき、田川先生との長い、長いお付き合いが始まった。

一九六七年に父が再転勤となり、今度は中米のパナマに行くことになった。残念ながら高校二年生で暁星を中退することになったが、在学中の五年間、田川先生には大変良くしていただいた。パナマに行った後も先生と文通をし、一九六九年に先生が南米旅行をしておられた時にパナマに立ち寄られ、我が家で数日間過ごされた。日曜日になると御ミサを現地の教会で行い、その後すぐに家族全員とパナマの海岸にドライブし、水泳や乗馬を楽しんだ。海岸で馬に乗った先生は、足があぶみに届かず、大笑いしたのを想い出す。また、その後近所のテニスコートでテニスも一緒にした。恐らく、修道院で暮らした先生にとっては初めての経験であったと思う。

やがて私はアメリカで大学生活を送ることになったが、先生との文通は続いた。手紙は、毎週のように届いたが、先生のペンマンシップは大変ユニークで、読むのに一苦労した。アメリカの郵便屋さんがよく配達先を間違えなかったと今でも不思議に思う。また、封筒には所せましと沢山の綺麗な切手が何枚も貼られており、毎回どんな切手が貼ってあるのか楽しみであった。孤独な留学生活も、先生からの励ましの言葉によって何度も勇気づけられた。

ある日授業から戻ると、先生から大きな箱が届いていた。急いで開けると数々の日本食が入っていて、心も腹も満たされた。当時日本食の入手が困難であったので、余計に有り難かった。

その頃父はロンドンに転勤しており、私も夏休みを利用しては家族のいるロンドンを訪問していた。偶然にも同時期に先生がヨーロッパをご視察していて、ロンドンにいた私達を訪ねて下さった。最初の晩、先生と私は同じ部屋で寝たが、就寝後まもなく、もの凄い音で目が覚めてしまった。まるで部屋のすぐ外で工事をしているかのようであった。なんだろうと起きてみると、騒音の根源は先生のイビキであった。この時ばかりは逃げるが勝ちと思い、いち早く階下の応接間へ退散し、ソファーのお世話になった。翌朝、先生は応接間に降りて来るまでその夜のことは知らなかったようである。その後、先生は修学旅行などでホテルに泊まる時は相手に迷惑をかけないよう一人部屋に泊まることにしているらしい。

かねがね先生から帰国子女の学校を創りたいことを聞いていた私は、卒業後、日本に戻り、再び田川先生のお世話により、九段の暁星で三年間英語の講師を務めさせて頂いた。先生は、その後一九七九年に暁星国際高校を木更津に創立し、今度は生徒としてではなく教諭としてまたお世話になることになった。約十年後の一九八八年に私は暁星国際学園を退職し、家内の故郷であるアメリカに渡ったが、先生との関係は続いた。一九九一年ごろに私達が住んでいたシアトルに来られ、ここでまた再会した。我が家に来て子ども三人にお年玉を下さり、子ども達は照れながらも喜んで受け取った。会うたびに教育の話を熱く語り、一生を教育のために捧げている姿に感心した。

その後、私は毎年のように日本を訪問したが、時間が許す限り木更津にいらっしゃる田川先生を訪ねた。ある日、学園の校門をくぐり、管理棟に向かうと"Plus Haut!"と大きく書かれた文字が目に入った。まさに、田川先生の教育の哲学、「より高く！」であった。教育に対する情熱は変わることがなく、九十三歳となった今でも学園の教室を毎朝回っており、休むことを知らない。

暁星国際学園も四十周年を迎え、無一文から今日の暁星国際学園を創造された勇気に敬服するとともに"Plus Haut!"の精神がいつまでも受け継がれることを願ってやまない。優しい田川先生は、私の人生の中でかけがえのない恩師で、大きな影響を与えて下さった。

He truely made a difference in my life!
Thank you, Father Tagawa!

GYOSEI INTERNATIONAL SCHOOL

構成：松島孝人（株式会社Ｔ＆Ｋ）
写真：暁星国際学園　青栁敏史
装丁：五月女弘明（株式会社あおく企画）

学校法人 暁星国際学園
〒292-8565　千葉県木更津市矢那 1083
電話　0438-52-3291（代表）　http://www.gis.ac.jp

国際人《こくさいじん》を育《はぐく》む〈優《やさ》しさと厳《きび》しさの学園《がくえん》〉

より高《たか》く！

2019 年 12 月 12 日　発　行　NDC371

著　者　田川《たがわ》　茂《しげる》
発行者　小川雄一
発行所　株式会社 誠文堂新光社
〒113-0033 東京都文京区本郷 3-3-11
［編集］電話 03-5800-5779
［販売］電話 03-5800-5780
https://www.seibundo-shinkosha.net/
印刷所　広研印刷 株式会社
製本所　和光堂 株式会社

ISBN978-4-416-91892-0